Tay Mutfağı
Tatlı Baharatların Dansı

Elif Asil

Soyut

4 kişi için

50 g / 2 oz / ¬Ω bir fincan (yani)

Un

2,5 ml/¬Ω çay kaşığı tuz

1 yumurta, hafifçe çırpılmış

30 ml / 2 yemek kaşığı su

450 gr soyulmuş karides

kızartmalık yağ

30 ml / 2 yemek kaşığı yer fıstığı yağı (yer fıstığı).

2 dilim doğranmış zencefil

30 ml / 2 yemek kaşığı sirke

5 ml / 1 çay kaşığı şeker

2,5 ml/¬Ω çay kaşığı tuz

15 ml / 1 yemek kaşığı soya sosu

200 g konserve liçi, süzülmüş

Un, tuz, yumurta ve suyu hamur kıvamına gelinceye kadar karıştırın, gerekirse biraz su ilave edin. İyice kaplanıncaya kadar karidesle atın. Yağı ısıtın ve karidesleri altın rengi kahverengiye dönene ve çıtır hale gelinceye kadar birkaç dakika kızartın. Kağıt havlu üzerine alıp sıcak bir kaseye alın. Bu arada yağı ısıtın ve zencefili 1 dakika soteleyin. Sirke, şeker, tuz ve soya ekleyin.

Lychee'leri ekleyin ve sıcak olana ve sosla kaplanana kadar fırlatın. Karidesin üzerine dökün ve hemen servis yapın.

Mandalina ile haşlanmış karides

4 kişi için

60 ml / 4 yemek kaşığı yer fıstığı yağı (yer fıstığı).
1 diş sarımsak, ezilmiş
1 dilim zencefil, ince doğranmış
450 gr soyulmuş karides
30 ml / 2 yemek kaşığı pirinç şarabı veya sek şeri 30 ml / 2 yemek kaşığı soya sosu
15 ml / 1 yemek kaşığı mısır unu (mısır nişastası)
45 ml / 3 yemek kaşığı su

Yağı ısıtın ve sarımsak ve zencefili altın rengi kahverengi olana kadar soteleyin. Karidesleri ekleyin ve 1 dakika soteleyin. Şarap veya şeri ekleyin ve iyice karıştırın. Soya sosu, mısır nişastası ve suyu ekleyip 2 dakika pişirin.

Kıyılmış soslu karides

4 kişi için

5 adet kurutulmuş Çin mantarı

225 gr fasulye filizi

60 ml / 4 yemek kaşığı yer fıstığı yağı (yer fıstığı).

5 ml / 1 çay kaşığı tuz

2 kereviz sapı, doğranmış

4 taze soğan (yeşil soğan), doğranmış

2 diş sarımsak, kıyılmış

2 dilim doğranmış zencefil

60 ml / 4 yemek kaşığı su

15 ml / 1 yemek kaşığı soya sosu

15 ml / 1 yemek kaşığı pirinç şarabı veya sek şeri

225 g / 8 oz Mange-tout (bezelye)

225 gr soyulmuş karides

15 ml / 1 yemek kaşığı mısır unu (mısır nişastası)

Mantarları ılık suda 30 dakika bekletin, sonra süzün. Sapları çıkarın ve üst kısımlarını kesin. Fasulye filizlerini kaynar suda 5 dakika haşlayıp iyice süzün. Yağın yarısını ısıtıp tuzu, kerevizi, taze soğanı ve fasulye filizlerini 1 dakika soteleyip tavadan alın. Kalan yağı ısıtın ve sarımsak ve zencefili altın rengi kahverengi olana kadar soteleyin. Suyun yarısını, soya sosunu, şarabı veya şeri, bezelye ve karidesleri ekleyin, kaynatın ve 3 dakika pişirin. Mısır nişastasını ve kalan suyu macun kıvamına getirin, tavaya alın ve sos koyulaşana kadar karıştırarak pişirin. Sebzeleri tekrar tencereye koyun, iyice ısınana kadar pişirin. Derhal servis yapın.

Çin mantarlı karides

4 kişi için

8 kurutulmuş Çin mantarı
45 ml / 3 yemek kaşığı yer fıstığı yağı.
3 dilim doğranmış zencefil kökü
450 gr soyulmuş karides
15 ml / 1 yemek kaşığı soya sosu
5 ml / 1 çay kaşığı tuz
60 ml / 4 yemek kaşığı balık suyu

Mantarları ılık suda 30 dakika bekletin, sonra süzün. Sapları çıkarın ve üst kısımlarını kesin. Yağın yarısını ısıtın ve zencefili altın kahverengi olana kadar soteleyin. Karidesleri, soya sosunu ve tuzu ekleyip yağla kaplanana kadar soteleyin ve ardından tavadan çıkarın. Kalan yağı ısıtın ve mantarları yağla kaplanana kadar soteleyin. Çorbayı ekleyin, kaynatın, kapağını kapatın ve 3 dakika pişirin. Karidesleri tekrar tavaya alın ve iyice ısınana kadar karıştırın.

Karides ve kızarmış bezelye

4 kişi için

450 gr soyulmuş karides

5 ml / 1 çay kaşığı susam yağı

5 ml / 1 çay kaşığı tuz

30 ml / 2 yemek kaşığı yer fıstığı yağı (yer fıstığı).

1 diş sarımsak, ezilmiş

1 dilim zencefil, ince doğranmış

225 g dondurulmuş veya beyazlatılmış bezelye, çözülmüş

4 taze soğan (yeşil soğan), doğranmış

30 ml / 2 yemek kaşığı su

tuz ve biber

Karideslerin üzerine susam yağı ve tuzu dökün. Yağı ısıtın ve sarımsak ve zencefili 1 dakika soteleyin. Karidesleri ekleyip 2 dakika soteleyin. Bezelyeyi ekleyip 1 dakika soteleyin. Taze soğanı ve suyu ekleyip tuz, karabiber ve istenirse biraz daha susam yağı ekleyin. Servis yapmadan önce hafifçe karıştırarak tekrar ısıtın.

Mango soslu karides

4 kişi için

12 karides

tuz ve biber

1 limonun suyu

30 ml / 2 yemek kaşığı mısır unu (mısır nişastası)

1 mango

5 ml / 1 çay kaşığı hardal tozu

5 ml / 1 çay kaşığı bal

30 ml / 2 yemek kaşığı Hindistan cevizi kreması

30 ml / 2 yemek kaşığı hafif köri tozu

120 ml / 4 fl oz / ¬Ω bardak tavuk suyu

45 ml / 3 yemek kaşığı yer fıstığı yağı.

2 diş sarımsak, kıyılmış

2 taze soğan (yeşil soğan), doğranmış

1 rezene, ince doğranmış

100 gr mango ajvar

Karidesleri kuyrukları sağlam kalacak şekilde soyun. Tuz, karabiber ve limon suyunu serpin, ardından mısır nişastasının yarısını dökün. Mangoyu soyun, eti kemikten ayırın ve ardından eti küp küp doğrayın. Hardal, bal, hindistancevizi kreması, köri tozu, kalan mısır nişastası ve et suyunu karıştırın. Yağın yarısını ısıtıp sarımsak, taze soğan ve rezeneyi 2 dakika soteleyin. Et suyunu ekleyin, kaynatın ve 1 dakika pişirin. Mango küplerini ve acı sosu ekleyip kısık ateşte ısıtın ve ardından sıcak bir servis tabağına aktarın. Yağın geri kalanını ısıtın ve karidesleri 2 dakika soteleyin. Sebzeleri ekleyip hemen servis yapın.

Soğan soslu kızarmış karides köftesi

4 kişi için

3 yumurta, hafifçe çırpılmış
45 ml / 3 yemek kaşığı un (tüm amaçlar için).
tuz ve taze çekilmiş karabiber
450 gr soyulmuş karides
kızartmalık yağ
15 ml / 1 yemek kaşığı yer fıstığı yağı.
2 soğan doğranmış

15 ml / 1 yemek kaşığı mısır unu (mısır nişastası)

30 ml / 2 yemek kaşığı soya sosu

175 ml / 6 fl oz / ¬œ bardak su

Yumurta, un, tuz ve karabiberi karıştırın. Karidesleri hamura batırın. Yağı ısıtın ve karidesleri altın kahverengi olana kadar kızartın. Bu arada yağı ısıtın ve soğanı 1 dakika soteleyin. Diğer malzemeleri macun kıvamına gelinceye kadar karıştırın, soğanı ekleyin ve sos koyulaşıncaya kadar karıştırarak pişirin. Karidesleri süzün ve sıcak bir kaseye koyun. Sosu üzerine dökün ve hemen servis yapın.

Bezelyeli mandalina karidesleri

4 kişi için

60 ml / 4 yemek kaşığı yer fıstığı yağı (yer fıstığı).

1 diş sarımsak, kıyılmış

1 dilim zencefil, ince doğranmış

450 gr soyulmuş karides

30 ml / 2 yemek kaşığı pirinç şarabı veya sek şeri

225 g dondurulmuş bezelye, çözülmüş

30 ml / 2 yemek kaşığı soya sosu

15 ml / 1 yemek kaşığı mısır unu (mısır nişastası)

45 ml / 3 yemek kaşığı su

Yağı ısıtın ve sarımsak ve zencefili altın rengi kahverengi olana kadar soteleyin. Karidesleri ekleyin ve 1 dakika soteleyin. Şarap veya şeri ekleyin ve iyice karıştırın. Bezelyeleri ekleyin ve 5 dakika pişirin. Diğer malzemeleri ekleyip 2 dakika kadar pişirin.

Pekin karidesleri

4 kişi için

30 ml / 2 yemek kaşığı yer fıstığı yağı (yer fıstığı).

2 diş sarımsak, kıyılmış

1 dilim zencefil, ince doğranmış

225 gr soyulmuş karides

4 adet taze soğan (yeşil soğan), kalın dilimlenmiş

120 ml / 4 fl oz / ¬Ω bardak tavuk suyu

5 ml / 1 kaşık. esmer şeker

5 ml / 1 çay kaşığı soya sosu

5 ml / 1 kaşık. kuru üzüm sosu

5 ml / 1 çay kaşığı Tabasco sosu

Yağı sarımsak ve zencefille ısıtın ve sarımsak hafifçe kızarana kadar soteleyin. Karidesleri ekleyin ve 1 dakika soteleyin. Frenk soğanı ekleyin ve 1 dakika soteleyin. Diğer malzemeleri ekleyin, kaynatın, kapağını kapatın ve ara sıra karıştırarak 4 dakika pişirin. Baharatı kontrol edin ve isterseniz biraz daha Tabasco ekleyin.

Kırmızı biberli karides

4 kişi için

30 ml / 2 yemek kaşığı yer fıstığı yağı (yer fıstığı).

1 yeşil biber, parçalar halinde kesilmiş

450 gr soyulmuş karides

10 ml / 2 çay kaşığı mısır unu (mısır nişastası)

60 ml / 4 yemek kaşığı su

5 ml / 1 çay kaşığı pirinç şarabı veya sek şeri

2,5 ml/¬Ω çay kaşığı tuz

45 ml / 2 yemek kaşığı domates salçası (makarna)

Yağı ısıtın ve biberleri 2 dakika soteleyin. Karidesleri ve domates püresini ekleyip iyice karıştırın. Mısır unu, şarap veya şeri ve tuzu bir macun oluşturacak şekilde karıştırın, tencereye alın ve sos berraklaşıp koyulaşana kadar karıştırarak pişirin.

Domuz eti ile kızarmış karides

4 kişi için

225 gr soyulmuş karides

100 gr yağsız domuz eti, kıyılmış

60 ml / 4 yemek kaşığı pirinç şarabı veya sek şeri

1 yumurta beyazı

45 ml / 3 yemek kaşığı mısır unu (mısır nişastası)

5 ml / 1 çay kaşığı tuz

15 ml / 1 yemek kaşığı su (isteğe bağlı)

90 ml / 6 yemek kaşığı yer fıstığı yağı.

45 ml / 3 yemek kaşığı balık suyu

5 ml / 1 çay kaşığı susam yağı

Karides ve domuz eti ayrı kaselere koyun. 45 ml / 3 yemek kaşığı şarap veya şeri, yumurta akı, 30 ml / 2 yemek kaşığı mısır nişastası ve tuzu pürüzsüz bir karışım elde edinceye kadar karıştırın, gerekirse su ekleyin. Karışımı domuz eti ve karides arasında bölün ve kaplamak için iyice atın. Yağı ısıtın ve domuz eti ile karidesleri altın rengi kahverengi olana kadar birkaç dakika kızartın. Tavadan çıkarın ve 15 ml / 1 yemek kaşığı yağ dışında tamamını dökün. Çorbayı kalan şarap veya şeri ve mısır nişastasıyla birlikte tavaya ekleyin. Kaynatın ve sos koyulaşana kadar karıştırarak pişirin. Üzerine karides ve domuz eti koyun ve üzerine susam yağı gezdirerek servis yapın.

Şeri soslu kızarmış jumbo karides

4 kişi için

50 g / 2 oz / ¬Ω bardak çok amaçlı un.

2,5 ml/¬Ω çay kaşığı tuz

1 yumurta, hafifçe çırpılmış

30 ml / 2 yemek kaşığı su

450 gr soyulmuş karides

kızartmalık yağ

15 ml / 1 yemek kaşığı yer fıstığı yağı.

1 soğan ince doğranmış

45 ml / 3 yemek kaşığı pirinç şarabı veya sek şeri

15 ml / 1 yemek kaşığı soya sosu

120 ml / 4 fl oz / ¬Ω bardak balık suyu

10 ml / 2 çay kaşığı mısır unu (mısır nişastası)
30 ml / 2 yemek kaşığı su

Un, tuz, yumurta ve suyu hamur kıvamına gelinceye kadar karıştırın, gerekirse biraz su ilave edin. İyice kaplanıncaya kadar karidesle atın. Yağı ısıtın ve karidesleri altın rengi kahverengiye dönene ve çıtır hale gelinceye kadar birkaç dakika kızartın. Kağıt havlu üzerine alıp sıcak bir kaseye alın. Bu arada yağı ısıtın ve soğanı yumuşayana kadar soteleyin. Şarap veya şeri, soya sosu ve et suyunu ekleyin, kaynatın ve 4 dakika pişirin. Mısır unu ve suyu bir macun oluşuncaya kadar karıştırın, tavada karıştırın ve sos berraklaşıp koyulaşana kadar karıştırarak pişirin.

susamda haşlanmış karides

4 kişi için

450 gr soyulmuş karides
¬Ω yumurta akı
5 ml / 1 çay kaşığı soya sosu
5 ml / 1 çay kaşığı susam yağı
50 g / 2 oz / ¬Ω bardak mısır unu (mısır nişastası)
tuz ve taze çekilmiş beyaz biber

kızartmalık yağ

60 ml / 4 yemek kaşığı susam

Lahana Yaprakları

Karidesleri yumurta akı, soya, susam yağı, mısır nişastası, tuz ve karabiberle karıştırın. Karışım çok kalınsa biraz su ekleyin. Yağı ısıtın ve karidesleri hafif altın rengi olana kadar birkaç dakika kızartın. Bu arada susamları kuru bir tavada altın sarısı bir renk alana kadar kısa bir süre kavurun. Karidesleri süzün ve susamla karıştırın. Salata yatağında servis yapın.

Kabuklu kızarmış karides

4 kişi için

60 ml / 4 yemek kaşığı yer fıstığı yağı (yer fıstığı).

750 g / 1¬Ω lb soyulmuş karides

3 taze soğan (yeşil soğan), doğranmış

3 dilim doğranmış zencefil kökü

2,5 ml/¬Ω çay kaşığı tuz

15 ml / 1 yemek kaşığı pirinç şarabı veya sek şeri

120 ml / 4 fl oz / ¬Ω fincan ketçap (ketçap)

15 ml / 1 yemek kaşığı soya sosu

15 ml / 1 yemek kaşığı şeker

15 ml / 1 yemek kaşığı mısır unu (mısır nişastası)

60 ml / 4 yemek kaşığı su

Yağı ısıtın ve karidesleri pişmişse 1 dakika, çiğse altın rengi kahverengi olana kadar kızartın. Taze soğan, zencefil, tuz ve şarap veya şeri ekleyip 1 dakika soteleyin. Ketçap, soya ve şekeri ekleyip 1 dakika pişirin. Mısır nişastasını ve suyu karıştırıp tencereye dökün ve sos hafifleşip koyulaşana kadar karıştırarak pişirin.

Kızarmış karides

4 kişi için

75 g / 3 oz / çavdar ¬ fincan mısır unu (mısır nişastası)

1 yumurta beyazı

5 ml / 1 çay kaşığı pirinç şarabı veya sek şeri

Tuz

350 gr soyulmuş karides

kızartmalık yağ

Kalın bir macun oluşturmak için mısır nişastası, yumurta akı, şarap veya şeri ve bir tutam tuzu karıştırın. Karidesleri iyice kaplanana kadar hamurun içine batırın. Yağı ısıtın ve karidesleri altın rengi kahverengi olana kadar birkaç dakika kızartın. Yağdan çıkarın, sıcak olana kadar ısıtın, ardından karidesleri gevrek ve altın rengi kahverengi olana kadar soteleyin.

karides tempura

4 kişi için

450 gr soyulmuş karides
30 ml / 2 yemek kaşığı un (tüm amaçlar için).
30 ml / 2 yemek kaşığı mısır unu (mısır nişastası)
30 ml / 2 yemek kaşığı su
2 çırpılmış yumurta
kızartmalık yağ

Karidesleri kıvrımın ortasından ikiye bölün ve bir kelebek oluşturacak şekilde açın. Un, mısır nişastası ve suyu hamur elde edene kadar karıştırın, ardından yumurtaları ekleyin. Yağı ısıtın ve karidesleri altın kahverengi olana kadar kızartın.

4 kişi için

30 ml / 2 yemek kaşığı yer fıstığı yağı (yer fıstığı).

2 taze soğan (yeşil soğan), doğranmış

1 diş sarımsak, ezilmiş

1 dilim zencefil, ince doğranmış

100 gr tavuk göğsü, şeritler halinde kesilmiş

100 gr jambon şeritler halinde kesilmiş

100 gr bambu filizi, şeritler halinde kesilmiş

Şeritler halinde kesilmiş 100 gr su kestanesi

225 gr soyulmuş karides

30 ml / 2 yemek kaşığı soya sosu

30 ml / 2 yemek kaşığı pirinç şarabı veya sek şeri

5 ml / 1 çay kaşığı tuz

5 ml / 1 çay kaşığı şeker

5 ml / 1 çay kaşığı mısır unu (mısır nişastası)

Yağı ısıtın ve taze soğanı, sarımsağı ve zencefili altın rengi kahverengi olana kadar soteleyin. Tavukları ekleyip 1 dakika soteleyin. Jambonu, bambu filizlerini ve su kestanelerini ekleyip 3 dakika soteleyin. Karidesleri ekleyin ve 1 dakika soteleyin. Soya sosu, şarap veya şeri, tuz ve şekeri ekleyip 2 dakika kızartın. Mısır nişastasını bir miktar suyla karıştırıp tavaya dökün ve kısık ateşte karıştırarak 2 dakika pişirin.

Tofu ile karides

4 kişi için

45 ml / 3 yemek kaşığı yer fıstığı yağı.

225 gr doğranmış tofu

1 taze soğan (yeşil soğan), doğranmış

1 diş sarımsak, ezilmiş

15 ml / 1 yemek kaşığı soya sosu

5 ml / 1 çay kaşığı şeker

90 ml / 6 yemek kaşığı balık suyu

225 gr soyulmuş karides

15 ml / 1 yemek kaşığı mısır unu (mısır nişastası)

45 ml / 3 yemek kaşığı su

Yağın yarısını ısıtın ve tofuyu hafifçe kızarıncaya kadar kızartın, ardından tavadan çıkarın. Kalan yağı ısıtın ve taze soğanı ve sarımsağı altın rengine gelinceye kadar soteleyin. Soya, şeker ve et suyunu ekleyip kaynamaya bırakın. Karidesleri ekleyin ve kısık ateşte 3 dakika karıştırın. Mısır unu ve suyu macun kıvamına getirin, tencereye alın ve sos koyulaşana kadar karıştırarak pişirin. Tofuyu tekrar tavaya alın ve iyice ısınana kadar soteleyin.

Domatesli karides

4 kişi için

2 yumurta akı

30 ml / 2 yemek kaşığı mısır unu (mısır nişastası)

5 ml / 1 çay kaşığı tuz

450 gr soyulmuş karides

kızartmalık yağ

30 ml / 2 yemek kaşığı pirinç şarabı veya sek şeri

225 gr soyulmuş, çekirdeği çıkarılmış ve doğranmış domates

Yumurta aklarını, mısır nişastasını ve tuzu karıştırın. İyice kaplanana kadar karides ekleyin. Yağı ısıtın ve karidesleri pişene kadar kızartın. 15 ml/1 yemek kaşığı yağ hariç hepsini dökün ve ısıtın. Şarap veya şeri ve domatesleri ekleyip kaynatın. Karidesleri ekleyin ve servis yapmadan önce hızlıca tekrar ısıtın.

Domates soslu karides

4 kişi için

30 ml / 2 yemek kaşığı yer fıstığı yağı (yer fıstığı).

1 diş sarımsak, ezilmiş

2 dilim doğranmış zencefil

2,5 ml/¬Ω çay kaşığı tuz

15 ml / 1 yemek kaşığı pirinç şarabı veya sek şeri

15 ml / 1 yemek kaşığı soya sosu

6 ml / 4 yemek kaşığı ketçap (ketçap)

120 ml / 4 fl oz / ¬Ω bardak balık suyu

350 gr soyulmuş karides

10 ml / 2 çay kaşığı mısır unu (mısır nişastası)

30 ml / 2 yemek kaşığı su

Yağı ısıtın ve sarımsak, zencefil ve tuzu 2 dakika soteleyin.
Şarap veya şeri, soya sosu, ketçap ve et suyunu ekleyip kaynatın.
Karidesleri ekleyin, kapağını kapatın ve 2 dakika pişirin. Mısır
unu ve suyu bir macun haline getirin, tencereye dökün ve sos
berraklaşıp koyulaşana kadar karıştırarak pişirin.

Domates ve biber soslu karides

4 kişi için

60 ml / 4 yemek kaşığı yer fıstığı yağı (yer fıstığı).

15 ml / 1 yemek kaşığı ince kıyılmış zencefil

15 ml / 1 yemek kaşığı ince kıyılmış sarımsak

15 ml / 1 yemek kaşığı kıyılmış frenk soğanı

60 ml / 4 yemek kaşığı domates salçası (makarna)

15 ml / 1 yemek kaşığı acı sos

450 gr soyulmuş karides

15 ml / 1 yemek kaşığı mısır unu (mısır nişastası)

15 ml / 1 yemek kaşığı su

Yağı ısıtın ve zencefil, sarımsak ve taze soğanı 1 dakika soteleyin. Domates püresini ve acı sosu ekleyip iyice karıştırın. Karidesleri ekleyip 2 dakika soteleyin. Mısır ununu ve suyu pürüzsüz bir karışım halinde karıştırın, tencerede karıştırın ve sos koyulaşana kadar pişirin. Derhal servis yapın.

Domates soslu haşlanmış karides

4 kişi için

50 g / 2 oz / ¬Ω bardak çok amaçlı un.

2,5 ml/¬Ω çay kaşığı tuz

1 yumurta, hafifçe çırpılmış

30 ml / 2 yemek kaşığı su

450 gr soyulmuş karides

kızartmalık yağ

30 ml / 2 yemek kaşığı yer fıstığı yağı (yer fıstığı).

1 soğan ince doğranmış

2 dilim doğranmış zencefil

75 ml / 5 yemek kaşığı ketçap (ketçap)

10 ml / 2 çay kaşığı mısır unu (mısır nişastası)

30 ml / 2 yemek kaşığı su

Un, tuz, yumurta ve suyu hamur kıvamına gelinceye kadar karıştırın, gerekirse biraz su ilave edin. İyice kaplanıncaya kadar karidesle atın. Yağı ısıtın ve karidesleri altın rengi kahverengiye dönene ve çıtır hale gelinceye kadar birkaç dakika kızartın. Kağıt havluların üzerine boşaltın.

Bu arada yağı ısıtın ve soğanı ve zencefili yumuşayana kadar soteleyin. Ketçap ekleyin ve 3 dakika pişirin. Mısır unu ve suyu macun kıvamına getirin, tencereye alın ve sos koyulaşana kadar karıştırarak pişirin. Karidesleri tavaya koyun ve iyice ısınana kadar soteleyin. Derhal servis yapın.

Sebzeli karides

4 kişi için

15 ml / 1 yemek kaşığı yer fıstığı yağı.

225 g / 8 ons brokoli çiçeği

225 gr mantar

225 gr bambu filizi, dilimlenmiş

450 gr soyulmuş karides

120 ml / 4 fl oz / ¬Ω bardak tavuk suyu

5 ml / 1 çay kaşığı mısır unu (mısır nişastası)

5 ml / 1 çay kaşığı istiridye sosu

2,5 ml/¬Ω çay kaşığı şeker

2,5 ml/¬Ω çay kaşığı rendelenmiş zencefil kökü

bir tutam taze çekilmiş biber

Yağı ısıtın ve brokoliyi 1 dakika soteleyin. Mantarları ve bambu filizlerini ekleyip 2 dakika soteleyin. Karidesleri ekleyip 2 dakika soteleyin. Geriye kalan malzemeleri karıştırıp karides karışımına ekleyin. Karıştırırken kaynatın ve sürekli karıştırarak 1 dakika pişirin.

Su kestaneli karides

4 kişi için

60 ml / 4 yemek kaşığı yer fıstığı yağı (yer fıstığı).

1 diş sarımsak, kıyılmış

1 dilim zencefil, ince doğranmış

450 gr soyulmuş karides

30 ml / 2 yemek kaşığı pirinç şarabı veya sek şeri 225 g / 8 oz su kestanesi, dilimlenmiş

30 ml / 2 yemek kaşığı soya sosu

15 ml / 1 yemek kaşığı mısır unu (mısır nişastası)

45 ml / 3 yemek kaşığı su

Yağı ısıtın ve sarımsak ve zencefili altın rengi kahverengi olana kadar soteleyin. Karidesleri ekleyin ve 1 dakika soteleyin. Şarap veya şeri ekleyin ve iyice karıştırın. Kestaneleri ekleyin ve 5 dakika pişirin. Diğer malzemeleri ekleyip 2 dakika kadar pişirin.

karidesli mantı

4 kişi için

450 gr kabuklu karides, doğranmış
225 gr doğranmış karışık sebze
15 ml / 1 yemek kaşığı soya sosu
2,5 ml/¬Ω çay kaşığı tuz
birkaç damla susam yağı
40 wonton görünümü
kızartmalık yağ

Karides, sebze, soya sosu, tuz ve susam yağını karıştırın.

Wonton'u katlamak için kabuğu sol elinizde tutun ve ortasına bir miktar dolgu dökün. Kenarlarını yumurta ile nemlendirin ve kabuğu üçgen şeklinde katlayın, kenarlarını yapıştırın. Köşelerini yumurta ile ıslatıp yuvarlayın.

Yağı ısıtın ve birkaç wontonu altın kahverengi olana kadar kızartın. Servis yapmadan önce iyice süzün.

4 kişi için

400 gr konserve kulak

30 ml / 2 yemek kaşığı yer fıstığı yağı (yer fıstığı).

100 gr tavuk göğsü, küp şeklinde kesilmiş

100 gr bambu filizi, dilimlenmiş

250 ml / 8 fl oz / 1 su bardağı balık suyu

15 ml / 1 yemek kaşığı pirinç şarabı veya sek şeri

5 ml / 1 çay kaşığı şeker

2,5 ml/¬Ω çay kaşığı tuz

15 ml / 1 yemek kaşığı mısır unu (mısır nişastası)

45 ml / 3 yemek kaşığı su

Deniz kulağını boşaltın ve dilimleyin, suyunu saklayın. Yağı ısıtın ve tavuğu altın kahverengi olana kadar kızartın. Abalone ve bambu filizlerini ekleyip 1 dakika soteleyin. Abalone sıvısını, et suyunu, şarabı veya şeriyi, şekeri ve tuzu ekleyin, kaynatın ve 2 dakika pişirin. Mısır unu ve suyu bir macun haline getirin ve sos hafifleşip koyulaşana kadar karıştırarak pişirin. Derhal servis yapın.

Kuşkonmazlı abalone

4 kişi için

10 adet kurutulmuş Çin mantarı

30 ml / 2 yemek kaşığı yer fıstığı yağı (yer fıstığı).

15 ml / 1 yemek kaşığı su

225 gr kuşkonmaz

2,5 ml / ¬Ω çay kaşığı balık sosu

15 ml / 1 yemek kaşığı mısır unu (mısır nişastası)

225 g / 8 oz konserve abalone, dilimlenmiş

60 ml / 4 yemek kaşığı et suyu

¬Ω küçük havuç, dilimler halinde kesilmiş

5 ml / 1 çay kaşığı soya sosu

5 ml / 1 çay kaşığı istiridye sosu

5 ml / 1 çay kaşığı pirinç şarabı veya sek şeri

Mantarları ılık suda 30 dakika bekletin, sonra süzün. Sapları atın. 15 ml / 1 yemek kaşığı yağı suyla ısıtın ve mantar kapsüllerini 10 dakika kızartın. Bu arada kuşkonmazı balık sosu ve 1 yemek kaşığı ile kaynar suda pişirin. yumuşayana kadar çay kaşığı/5 ml mısır nişastası. İyice süzülmelerini sağlayın ve süngerle sıcak bir yere koyun. Onları sıcak tutun. Kalan yağı ısıtın ve deniz kulağını birkaç saniye kızartın, ardından et suyu, havuç, soya sosu, istiridye sosu, şarap veya şeri ve kalan mısır nişastasını ekleyin. Pişene kadar yaklaşık 5 dakika pişirin, ardından kuşkonmazı ekleyip servis yapın.

Denizkulağı mantarı

4 kişi için

6 adet kurutulmuş Çin mantarı

400 gr konserve kulak

45 ml / 3 yemek kaşığı yer fıstığı yağı.

2,5 ml/¬Ω çay kaşığı tuz

15 ml / 1 yemek kaşığı pirinç şarabı veya sek şeri

3 adet taze soğan (yeşil soğan) kalın dilimler halinde kesilmiş

Mantarları ılık suda 30 dakika bekletin, sonra süzün. Sapları çıkarın ve üst kısımlarını kesin. Deniz kulağını boşaltın ve dilimleyin, suyunu saklayın. Yağı ısıtın ve tuzu ve mantarları 2 dakika soteleyin. Abalone sıvısını ve şeri ekleyin, kaynatın, üzerini örtün ve 3 dakika pişirin. Abalone ve yeşil soğanı ekleyin ve iyice ısınana kadar soteleyin. Derhal servis yapın.

İstiridye soslu abalone

4 kişi için

400 gr konserve kulak

15 ml / 1 yemek kaşığı mısır unu (mısır nişastası)

15 ml / 1 yemek kaşığı soya sosu

45 ml / 3 yemek kaşığı istiridye sosu

30 ml / 2 yemek kaşığı yer fıstığı yağı (yer fıstığı).

50 gr doğranmış prosciutto

Abalone kutusunu boşaltın ve 90 ml / 6 yemek kaşığı sıvıyı ayırın. Mısır nişastası, soya ve istiridye sosuyla karıştırın. Yağı ısıtın ve süzülmüş kulağı 1 dakika soteleyin. Sos karışımını ekleyin ve yaklaşık 1 dakika kadar ısıtılıncaya kadar karıştırarak pişirin. Sıcak bir kaseye aktarın ve üstüne jambon ekleyerek servis yapın.

buğulanmış istiridye

4 kişi için

24 kalıp

Midyeleri iyice temizleyip tuzlu suda birkaç saat bekletin. Akan su altında durulayın ve derin bir tabağa koyun. Buharlı pişiricideki bir rafa yerleştirin, üzerini kapatın ve tüm istiridyeler açılıncaya kadar yaklaşık 10 dakika kaynar suda buharda pişirin. Kapalı kalan her şeyi atın. Soslarla servis yapın.

Fasulye filizli midye

4 kişi için

24 kalıp

15 ml / 1 yemek kaşığı yer fıstığı yağı.

150 gr fasulye filizi

1 yeşil biber, şeritler halinde kesilmiş

2 taze soğan (yeşil soğan), doğranmış

15 ml / 1 yemek kaşığı pirinç şarabı veya sek şeri

tuz ve taze çekilmiş karabiber

2,5 ml / ¬Ω çay kaşığı susam yağı

50 gr doğranmış prosciutto

Midyeleri iyice temizleyip tuzlu suda birkaç saat bekletin. Akan su altında durulayın. Suyu kaynatın, midyeleri ekleyin ve açılana kadar birkaç dakika pişirin. Kapalı kalan her şeyi boşaltın ve atın. Midyeleri kabuklarından çıkarın.

Yağı ısıtın ve fasulye filizlerini 1 dakika soteleyin. Biber ve taze soğanı ekleyip 2 dakika soteleyin. Şarap veya şeri ekleyin ve tuz ve karabiberle tatlandırın. Isıtın, ardından istiridyeleri ekleyin ve iyice birleşip iyice ısınana kadar karıştırın. Sıcak bir tabağa aktarın ve üzerine susam yağı ve jambon gezdirerek servis yapın.

Zencefil ve sarımsaklı midye

4 kişi için

24 kalıp

15 ml / 1 yemek kaşığı yer fıstığı yağı.

2 dilim doğranmış zencefil

2 diş sarımsak, kıyılmış

15 ml / 1 yemek kaşığı su

5 ml / 1 çay kaşığı susam yağı

tuz ve taze çekilmiş karabiber

Midyeleri iyice temizleyip tuzlu suda birkaç saat bekletin. Akan su altında durulayın. Yağı ısıtın ve zencefil ve sarımsağı 30 saniye soteleyin. Midyeleri, suyu ve susam yağını ekleyip kapağını kapatın ve midyeler açılıncaya kadar yaklaşık 5 dakika pişirin. Kapalı kalan her şeyi atın. Tuz ve karabiberle hafifçe tatlandırıp hemen servis yapın.

haşlanmış midye

4 kişi için

24 kalıp

60 ml / 4 yemek kaşığı yer fıstığı yağı (yer fıstığı).

4 diş sarımsak, kıyılmış

1 doğranmış soğan

2,5 ml/¬Ω çay kaşığı tuz

Midyeleri iyice temizleyip tuzlu suda birkaç saat bekletin. Akan su altında durulayın ve ardından kurulayın. Yağı ısıtın ve sarımsak, soğan ve tuzu yumuşayana kadar soteleyin. İstiridyeleri ekleyin, kapağını kapatın ve tüm istiridyeler açılıncaya kadar yaklaşık 5 dakika pişirin. Kapalı kalan her şeyi atın. Bir dakika daha hafifçe kızartın, yağla kaplayın.

yengeç keki

4 kişi için

225 gr fasulye filizi

60 ml / 4 yemek kaşığı yer fıstığı yağı 100 g / 4 oz bambu filizleri,

şeritler halinde kesilmiş

1 doğranmış soğan

225 g yengeç eti, pul halinde

4 yumurta, hafifçe çırpılmış

15 ml / 1 yemek kaşığı mısır unu (mısır nişastası)

30 ml / 2 yemek kaşığı soya sosu

tuz ve taze çekilmiş karabiber

Fasulye filizlerini kaynar suda 4 dakika haşlayıp süzün. Yağın yarısını ısıtın ve fasulye filizlerini, bambu filizlerini ve soğanı yumuşayana kadar soteleyin. Ateşten alın ve yağ hariç diğer tüm malzemeleri ekleyin. Kalan yağı temiz bir tavada ısıtın ve kek yapmak için yengeç karışımını bir kaşıkla kızartın. Her iki tarafı da altın rengi olana kadar kızartın ve hemen servis yapın.

yengeç kreması

4 kişi için

225 gr yengeç eti

5 çırpılmış yumurta

1 adet taze soğan (soğan) ince doğranmış

250 ml / 8 sıvı ons / 1 su bardağı su

5 ml / 1 çay kaşığı tuz

5 ml / 1 çay kaşığı susam yağı

Tüm malzemeleri iyice karıştırın. Bir kaseye yerleştirin, üzerini örtün ve sıcak su üzerinde bir buharlı pişiriciye veya bir buharlı pişiricinin rafına yerleştirin. Ara sıra karıştırarak, krema kıvamına gelene kadar yaklaşık 35 dakika buharda pişirin. Pirinçle servis yapın.

Çin yengeçlerinin yaprakları ile eti

4 kişi için

450 g / 1 pound Çin yaprağı, yırtılmış

45 ml / 3 yemek kaşığı bitkisel yağ

2 taze soğan (yeşil soğan), doğranmış

225 gr yengeç eti

15 ml / 1 yemek kaşığı soya sosu

15 ml / 1 yemek kaşığı pirinç şarabı veya sek şeri

5 ml / 1 çay kaşığı tuz

Çin yapraklarını kaynar suda 2 dakika haşlayın, iyice süzün ve soğuk suyla durulayın. Yağı ısıtın ve taze soğanı altın kahverengi olana kadar soteleyin. Yengeç etini ekleyip 2 dakika soteleyin. Çin yapraklarını ekleyin ve 4 dakika soteleyin. Soya sosu, şarap veya şeri ve tuzu ekleyip iyice karıştırın. Et suyunu ve mısır nişastasını ekleyin, kaynatın ve sos hafifleşip koyulaşana kadar 2 dakika karıştırarak pişirin.

Fasulye Filizli Foo Yung Yengeç

4 kişi için

6 adet çırpılmış yumurta

45 ml / 3 yemek kaşığı mısır unu (mısır nişastası)

225 gr yengeç eti

100 gr fasulye filizi

2 genç soğan (yeşil soğan), ince doğranmış

2,5 ml/¬Ω çay kaşığı tuz

45 ml / 3 yemek kaşığı yer fıstığı yağı.

Yumurtaları çırpın ve mısır nişastasıyla karıştırın. Yağ hariç diğer tüm malzemeleri karıştırın. Yağı ısıtın ve yaklaşık 7,5 cm çapında küçük krepler elde etmek için karışımı azar azar tavaya dökün. Alt tarafı altın rengi oluncaya kadar kızartın, sonra çevirip diğer tarafını kızartın.

zencefil karides

4 kişi için

15 ml / 1 yemek kaşığı yer fıstığı yağı.

2 dilim doğranmış zencefil

4 taze soğan (yeşil soğan), doğranmış

3 diş sarımsak, kıyılmış

1 doğranmış kırmızı biber

350 g yengeç eti, şeritler halinde

2,5 ml / ¬Ω çay kaşığı balık ezmesi

2,5 ml / ¬Ω çay kaşığı susam yağı

15 ml / 1 yemek kaşığı pirinç şarabı veya sek şeri

5 ml / 1 çay kaşığı mısır unu (mısır nişastası)

15 ml / 1 yemek kaşığı su

Yağı ısıtın ve zencefili, taze soğanı, sarımsağı ve kırmızı biberi 2 dakika soteleyin. Yengeç etini ekleyin ve baharatlarla iyice kaplanana kadar karıştırın. Balık ezmesini ekleyin. Geri kalan malzemeleri macun kıvamına gelinceye kadar karıştırın, ardından tavaya dökün ve 1 dakika kızartın. Derhal servis yapın.

Yengeç Lo Mein

4 kişi için

100 gr fasulye filizi

30 ml / 2 yemek kaşığı yer fıstığı yağı (yer fıstığı).

5 ml / 1 çay kaşığı tuz

1 soğan, dilimlenmiş

100 gr mantar, dilimler halinde kesilmiş

225 g yengeç eti, pul halinde

100 gr bambu filizi, dilimlenmiş

Yükseltilmiş erişte

30 ml / 2 yemek kaşığı soya sosu

5 ml / 1 çay kaşığı şeker

5 ml / 1 çay kaşığı susam yağı

tuz ve taze çekilmiş karabiber

Fasulye filizlerini kaynar suda 5 dakika haşlayıp süzün. Yağı ısıtın ve tuzu ve soğanı yumuşayana kadar soteleyin. Mantarları ekleyip yumuşayıncaya kadar soteleyin. Yengeç etini ekleyip 2 dakika soteleyin. Fasulye filizlerini ve bambu filizlerini ekleyip 1 dakika soteleyin. Süzülen erişteleri tavaya ekleyin ve hafifçe karıştırın. Soya, şeker ve susam yağını karıştırıp tuz ve karabiberle tatlandırın. Tamamen ısınana kadar tavada karıştırın.

Domuz eti ile kızarmış yengeç

4 kişi için

30 ml / 2 yemek kaşığı yer fıstığı yağı (yer fıstığı).

100 gr kıyma domuz eti (öğütülmüş).

350 g yengeç eti, şeritler halinde

2 dilim doğranmış zencefil

2 yumurta, hafifçe dövülmüş

15 ml / 1 yemek kaşığı soya sosu

15 ml / 1 yemek kaşığı pirinç şarabı veya sek şeri

30 ml / 2 yemek kaşığı su

tuz ve taze çekilmiş karabiber

4 taze soğan (yeşil soğan), şeritler halinde kesilmiş

Yağı ısıtın ve eti hafifçe kızarana kadar kızartın. Yengeç etini ve zencefili ekleyip 1 dakika soteleyin. Yumurtaları karıştırın. Soya sosu, şarap veya şeri, su, tuz ve karabiber ekleyin ve karıştırarak yaklaşık 4 dakika pişirin. Frenk soğanı ile süsleyerek servis yapın.

Kızartılmış yengeç eti

4 kişi için

30 ml / 2 yemek kaşığı yer fıstığı yağı (yer fıstığı).

450 gr yengeç, çarşaflar halinde

2 taze soğan (yeşil soğan), doğranmış

2 dilim doğranmış zencefil

30 ml / 2 yemek kaşığı soya sosu

30 ml / 2 yemek kaşığı pirinç şarabı veya sek şeri

2,5 ml/¬Ω çay kaşığı tuz

15 ml / 1 yemek kaşığı mısır unu (mısır nişastası)

60 ml / 4 yemek kaşığı su

Yağı ısıtın ve yengeç etini, taze soğanı ve zencefili 1 dakika soteleyin. Soya sosu, şarap veya şeri ve tuzu ekleyin, kapağını kapatın ve 3 dakika pişirin. Mısır unu ve suyu bir macun oluşuncaya kadar karıştırın, tavada karıştırın ve sos berraklaşıp koyulaşana kadar karıştırarak pişirin.

Kızarmış kalamar köfte

4 kişi için

450 gr kalamar

50 gr öğütülmüş domuz yağı

1 yumurta beyazı

2,5 ml/¬Ω çay kaşığı şeker

2,5 ml/¬Ω çay kaşığı mısır unu (mısır nişastası)

tuz ve taze çekilmiş karabiber

kızartmalık yağ

Kalamarları temizleyin ve ezin veya püre haline getirin. Domuz yağı, yumurta akı, şeker ve mısır nişastasıyla karıştırın ve tuz ve karabiberle tatlandırın. Karışımı toplara bastırın. Yağı ısıtın ve kalamar toplarını, tercihen birkaç kez, yağın üzerinde yüzüp altın rengi kahverengi olana kadar kızartın. İyice süzün ve hemen servis yapın.

Kanton ıstakozu

4 kişi için

2 ıstakoz

30 ml / 2 yemek kaşığı sıvı yağ

15 ml / 1 yemek kaşığı siyah fasulye sosu

1 diş sarımsak, ezilmiş

1 doğranmış soğan

225 gr kıyma domuz eti (öğütülmüş).

45 ml / 3 yemek kaşığı soya sosu

5 ml / 1 çay kaşığı şeker

tuz ve taze çekilmiş karabiber

15 ml / 1 yemek kaşığı mısır unu (mısır nişastası)

75 ml / 5 yemek kaşığı su

1 çırpılmış yumurta

Istakozu parçalayın, eti çıkarın ve 1 inçlik küpler halinde kesin. Yağı ısıtın ve siyah fasulye, sarımsak ve soğan sosunu altın rengine gelinceye kadar soteleyin. Domuz eti ekleyin ve altın kahverengi olana kadar kızartın. Soya sosu, şeker, tuz, karabiber ve ıstakozu ekleyin, kapağını kapatın ve yaklaşık 10 dakika pişirin. Mısır unu ve suyu bir macun haline getirin, tencereye alın ve sos berraklaşıp koyulaşana kadar karıştırarak pişirin. Servis yapmadan önce ateşi kapatın ve yumurtayı ekleyin.

kızarmış ıstakoz

4 kişi için

450 gr ıstakoz eti

30 ml / 2 yemek kaşığı soya sosu

5 ml / 1 çay kaşığı şeker

1 çırpılmış yumurta

30 ml / 3 yemek kaşığı un (tüm amaçlar için).

kızartmalık yağ

Istakoz etini 1 inçlik küpler halinde kesin ve soya sosu ve şekerle baharatlayın. 15 dakika bekletin ve süzün. Yumurtayı ve unu çırpın, ardından ıstakozu ekleyin ve kaplamak için iyice karıştırın. Yağı ısıtın ve ıstakozu altın rengi kahverengi olana

kadar kızartın. Servis yapmadan önce emici kağıt üzerine
boşaltın.

4 kişi için

4 yumurta, hafifçe çırpılmış

60 ml / 4 yemek kaşığı su

5 ml / 1 çay kaşığı tuz

15 ml / 1 yemek kaşığı soya sosu

450 gr ıstakoz eti, pul halinde

15 ml / 1 yemek kaşığı kıyılmış prosciutto

15 ml / 1 yemek kaşığı kıyılmış taze maydanoz

Yumurtaları su, tuz ve soya ile çırpın. Yapışmaz bir tabağa
dökün ve ıstakoz etinin üzerine serpin. Kaseyi buharlı pişiricinin
rafına yerleştirin, üzerini örtün ve yumurtalar sertleşene kadar 20

dakika boyunca buharda pişirin. Jambon ve maydanozla süsleyerek servis yapın.

Mantarlı ıstakoz

4 kişi için

450 gr ıstakoz eti

15 ml / 1 yemek kaşığı mısır unu (mısır nişastası)

60 ml / 4 yemek kaşığı su

30 ml / 2 yemek kaşığı yer fıstığı yağı (yer fıstığı).

4 adet taze soğan (yeşil soğan), kalın dilimlenmiş

100 gr mantar, dilimler halinde kesilmiş

2,5 ml/¬Ω çay kaşığı tuz

1 diş sarımsak, ezilmiş

30 ml / 2 yemek kaşığı soya sosu

15 ml / 1 yemek kaşığı pirinç şarabı veya sek şeri

Istakoz etini 2,5 cm'lik küpler halinde kesin. Mısır unu ve suyu bir macun oluşuncaya kadar karıştırın ve ıstakoz küplerini kaplayacak şekilde karışıma ekleyin. Yağın yarısını ısıtın ve ıstakoz küplerini hafifçe kızarıncaya kadar kızartın, tavadan çıkarın. Kalan yağı ısıtın ve taze soğanı altın kahverengi olana kadar kızartın. Mantarları ekleyip 3 dakika soteleyin. Tuz, sarımsak, soya sosu ve şarap veya şeri ekleyip 2 dakika kızartın. Istakozu tekrar tavaya alın ve iyice ısınana kadar kızartın.

Domuz eti ile ıstakoz kuyrukları

4 kişi için

3 kurutulmuş Çin mantarı

4 ıstakoz kuyruğu

60 ml / 4 yemek kaşığı yer fıstığı yağı (yer fıstığı).

100 gr kıyma domuz eti (öğütülmüş).

50 gr ince doğranmış su kestanesi

tuz ve taze çekilmiş karabiber

2 diş sarımsak, kıyılmış

45 ml / 3 yemek kaşığı soya sosu

30 ml / 2 yemek kaşığı pirinç şarabı veya sek şeri

30 ml / 2 yemek kaşığı siyah fasulye sosu

10 ml / 2 yemek kaşığı mısır unu (mısır nişastası)

120 ml / 4 fl oz / ¬Ω bardak su

Mantarları ılık suda 30 dakika bekletin, sonra süzün. Saplarını çıkarın ve tarakları doğrayın. Istakoz kuyruklarını uzunlamasına ikiye bölün. Eti ıstakoz kuyruklarından çıkarın, kabukları saklayın. Yağın yarısını ısıtın ve domuz etini altın rengi kahverengi olana kadar kızartın. Ateşten alıp mantarları, ıstakoz etini, kestaneyi, tuzu ve karabiberi ekleyin. Eti ıstakoz kabuğuna sarın ve bir tabağa koyun. Buharlı pişiricideki bir rafa yerleştirin, üzerini örtün ve pişene kadar yaklaşık 20 dakika buharda pişirin. Bu arada kalan yağı ısıtın ve sarımsak, soya sosu, şarap/şeri ve siyah fasulye sosunu 2 dakika soteleyin. Mısır unu ve suyu macun kıvamına gelinceye kadar karıştırın, tavada karıştırın ve sos koyulaşana kadar karıştırarak pişirin. Istakozu sıcak bir tabağa koyun, üzerine sosu dökün ve hemen servis yapın.

haşlanmış ıstakoz

4 kişi için

450 g / 1 lb ıstakoz kuyruğu
30 ml / 2 yemek kaşığı yer fıstığı yağı (yer fıstığı).
1 diş sarımsak, ezilmiş

2,5 ml/¬Ω çay kaşığı tuz

350 gr fasulye filizi

50 gr mantar

4 adet taze soğan (yeşil soğan), kalın dilimlenmiş

150 ml / ¬° pt / cömert ¬Ω bardak tavuk suyu

15 ml / 1 yemek kaşığı mısır unu (mısır nişastası)

Bir tencerede suyu kaynatın, ıstakoz kuyruklarını ekleyin ve 1 dakika pişirin. Süzün, soğumaya bırakın, kabuğunu çıkarın ve daha kalın dilimler halinde kesin. Yağı sarımsak ve tuzla ısıtın ve sarımsaklar hafifçe kızarana kadar soteleyin. Istakozu ekleyin ve 1 dakika soteleyin. Fasulye filizlerini ve mantarları ekleyip 1 dakika soteleyin. Taze soğanı ekleyin. Çorbanın çoğunu ekleyin, kaynatın, üzerini örtün ve 3 dakika pişirin. Mısır nişastasını kalan çorbayla karıştırın, tavaya dökün ve sos berraklaşıp koyulaşana kadar karıştırarak pişirin.

ıstakoz yuvası

4 kişi için

30 ml / 2 yemek kaşığı yer fıstığı yağı (yer fıstığı).

5 ml / 1 çay kaşığı tuz

1 soğan ince dilimler halinde kesilmiş

100 gr mantar, dilimler halinde kesilmiş

100 gr bambu filizi, dilimler halinde kesilmiş 225 gr pişmiş

ıstakoz eti

15 ml / 1 yemek kaşığı pirinç şarabı veya sek şeri

120 ml / 4 fl oz / ¬Ω bardak tavuk suyu

bir tutam taze çekilmiş biber

10 ml / 2 çay kaşığı mısır unu (mısır nişastası)

15 ml / 1 yemek kaşığı su

4 sepet erişte

Yağı ısıtın ve tuzu ve soğanı yumuşayana kadar soteleyin. Mantarları ve bambu filizlerini ekleyip 2 dakika soteleyin.

Istakoz etini, şarabı veya şeri ve et suyunu ekleyin, kaynatın, üzerini örtün ve 2 dakika pişirin. Biberle tatlandırın. Mısır unu ve suyu macun kıvamına getirin, tencereye alın ve sos koyulaşana kadar karıştırarak pişirin. Erişte yuvalarını sıcak bir servis tabağına yerleştirin ve haşlanmış ıstakozla süsleyin.

Siyah fasulye soslu midye

4 kişi için

45 ml / 3 yemek kaşığı yer fıstığı yağı.

2 diş sarımsak, kıyılmış

2 dilim doğranmış zencefil

30 ml / 2 yemek kaşığı siyah fasulye sosu

15 ml / 1 yemek kaşığı soya sosu

1,5 kg yıkanmış ve sakallı midye

2 taze soğan (yeşil soğan), doğranmış

Yağı ısıtın ve sarımsak ve zencefili 30 saniye soteleyin. Siyah fasulye sosunu ve soya sosunu ekleyip 10 saniye soteleyin. Midyeleri ekleyin, kapağını kapatın ve midyeler açılıncaya kadar yaklaşık 6 dakika pişirin. Kapalı kalan her şeyi atın. Sıcak bir tabağa aktarın ve üzerine frenk soğanı serperek servis yapın.

Zencefilli midye

4 kişi için

45 ml / 3 yemek kaşığı yer fıstığı yağı.

2 diş sarımsak, kıyılmış

4 dilim doğranmış zencefil kökü

1,5 kg yıkanmış ve sakallı midye

45 ml / 3 yemek kaşığı su

15 ml / 1 yemek kaşığı istiridye sosu

Yağı ısıtın ve sarımsak ve zencefili 30 saniye soteleyin.
Midyeleri ve suyu ekleyip kapağını kapatın ve midyeler
açılıncaya kadar yaklaşık 6 dakika pişirin. Kapalı kalan her şeyi
atın. Sıcak bir servis tabağına aktarın ve üzerine istiridye sosuyla
servis yapın.

buğulanmış midye

4 kişi için

1,5 kg yıkanmış ve sakallı midye

45 ml / 3 yemek kaşığı soya sosu

3 taze soğan (yeşil soğan), ince doğranmış

İstiridyeleri buharlı pişiricideki bir rafa yerleştirin, üzerini örtün
ve kaynar suda tüm istiridyeler açılıncaya kadar yaklaşık 10
dakika pişirin. Kapalı kalan her şeyi atın. Sıcak bir servis
tabağına aktarın ve üzerine soya ve yeşil soğan serperek servis
yapın.

4 kişi için

24 adet kabuğu soyulmuş istiridye

tuz ve taze çekilmiş karabiber

1 çırpılmış yumurta

50 g / 2 oz / ¬Ω bardak çok amaçlı un.

250 ml / 8 sıvı ons / 1 su bardağı su

kızartmalık yağ

4 taze soğan (yeşil soğan), doğranmış

İstiridyelere tuz ve karabiber serpin. İstiridyeleri kaplamak için kullanabileceğiniz bir macun elde edene kadar yumurtayı un ve suyla çırpın. Yağı ısıtın ve istiridyeleri kızartın. Kağıt havlu üzerine alıp, taze soğanla süsleyerek servis yapın.

4 kişi için

175 gr pastırma

24 adet kabuğu soyulmuş istiridye

1 yumurta, hafifçe çırpılmış

15 ml / 1 yemek kaşığı su

45 ml / 3 yemek kaşığı yer fıstığı yağı.

2 soğan doğranmış

15 ml / 1 yemek kaşığı mısır unu (mısır nişastası)

15 ml / 1 yemek kaşığı soya sosu

90 ml / 6 yemek kaşığı tavuk suyu

Pastırmayı parçalara ayırın ve her istiridyenin etrafına bir parça sarın. Yumurtayı suyla çırpın, ardından kaplamak için istiridyelere batırın. Yağın yarısını ısıtın ve istiridyeleri her iki tarafı da altın rengi olana kadar kızartın, ardından tavadan çıkarın ve yağı boşaltın. Kalan yağı ısıtın ve soğanı yumuşayana kadar soteleyin. Mısır nişastasını, soyayı ve et suyunu bir macun halinde karıştırın, tavaya dökün ve sos berraklaşıp koyulaşana kadar karıştırarak pişirin. İstiridyelerin üzerine dökün ve hemen servis yapın.

4 kişi için

24 adet kabuğu soyulmuş istiridye

2 dilim doğranmış zencefil

30 ml / 2 yemek kaşığı soya sosu

15 ml / 1 yemek kaşığı pirinç şarabı veya sek şeri

4 taze soğan (yeşil soğan), şeritler halinde kesilmiş

100 gr pastırma

1 yumurta

50 g / 2 oz / ¬Ω bardak çok amaçlı un.

tuz ve taze çekilmiş karabiber

kızartmalık yağ

1 limon, dilimler halinde kesilmiş

İstiridyeleri zencefil, soya sosu ve şarap veya şeri ile birlikte bir kaseye koyun ve iyice karıştırın. 30 dakika bekletin. Her istiridyenin üzerine birkaç dilim taze soğan koyun. Pastırmayı parçalara ayırın ve her istiridyenin etrafına bir parça sarın. Yumurtaları ve unu bir macun haline getirin ve tuz ve karabiberle tatlandırın. İstiridyeleri iyice kaplanıncaya kadar hamurun içine batırın. Yağı ısıtın ve istiridyeleri kızartın. Limon dilimleriyle süsleyerek servis yapın.

4 kişi için

350 gram kabuksuz istiridye

120 ml / 4 fl oz / ¬Ω bardak yer fıstığı (yer fıstığı) yağı.

2 diş sarımsak, kıyılmış

3 taze soğan (yeşil soğan), dilimlenmiş

15 ml / 1 yemek kaşığı siyah fasulye sosu

30 ml / 2 yemek kaşığı koyu soya sosu

15 ml / 1 yemek kaşığı susam yağı

bir tutam pul biber

İstiridyeleri kaynar suda 30 saniye haşlayıp süzün. Yağı ısıtın ve sarımsak ve taze soğanı 30 saniye soteleyin. Siyah fasulye sosu, soya sosu, susam yağı ve istiridyeleri ekleyip biber tozuyla tatlandırın. Sıcak olana kadar kızartın ve hemen servis yapın.

Bambu filizleri ile tarak

4 kişi için

60 ml / 4 yemek kaşığı yer fıstığı yağı (yer fıstığı).

6 taze soğan (yeşil soğan), doğranmış

225 gr mantar, dörde bölünmüş

15 ml / 1 yemek kaşığı şeker

450 gr kabuklu deniz tarağı

2 dilim doğranmış zencefil

225 gr bambu filizi, dilimlenmiş

tuz ve taze çekilmiş karabiber

300 ml / ¬Ω pt / 1 ¬° bardak su

30 ml / 2 yemek kaşığı sirke

30 ml / 2 yemek kaşığı mısır unu (mısır nişastası)

150 ml / ¬° pt / büyük ¬Ω bardak su

45 ml / 3 yemek kaşığı soya sosu

Yağı ısıtın ve taze soğanları ve mantarları 2 dakika soteleyin. Şeker, deniz tarağı, zencefil, bambu filizleri, tuz ve karabiberi ekleyip kapağını kapatın ve 5 dakika pişirin. Su ve sirke ekleyin, kaynatın, kapağını kapatın ve 5 dakika pişirin. Mısır unu ve suyu macun kıvamına getirin, tencereye alın ve sos koyulaşana kadar karıştırarak pişirin. Üzerine soya sosunu döküp servis yapın.

Yumurtalı hacılar

4 kişi için

45 ml / 3 yemek kaşığı yer fıstığı yağı.

350 gr temizlenmiş deniz tarağı

25 gr doğranmış prosciutto

30 ml / 2 yemek kaşığı pirinç şarabı veya sek şeri

5 ml / 1 çay kaşığı şeker

2,5 ml/¬Ω çay kaşığı tuz

bir tutam taze çekilmiş biber

2 yumurta, hafifçe dövülmüş

15 ml / 1 yemek kaşığı soya sosu

Yağı ısıtın ve tarakları 30 saniye kızartın. Jambonu ekleyin ve 1 dakika soteleyin. Şarap veya şeri, şeker, tuz ve karabiber ekleyin ve 1 dakika pişirin. Yumurtaları ekleyin ve malzemeler yumurtayla iyice kaplanana kadar yüksek ateşte yavaşça karıştırın. Üstüne soya sosu ekleyerek servis yapın.

4 kişi için

350 gr dilimlenmiş deniz tarağı

3 dilim doğranmış zencefil kökü

¬Ω küçük havuç, dilimler halinde kesilmiş

1 diş sarımsak, ezilmiş

45 ml / 3 yemek kaşığı un (tüm amaçlar için).

2,5 ml / ¬Ω çay kaşığı kabartma tozu (toz maya)

30 ml / 2 yemek kaşığı yer fıstığı yağı (yer fıstığı).

15 ml / 1 yemek kaşığı su

1 muz, dilimlenmiş

kızartmalık yağ

275 gr brokoli

Tuz

5 ml / 1 çay kaşığı susam yağı

2,5 ml/¬Ω çay kaşığı acı sos

2,5 ml / ¬Ω çay kaşığı sirke

2,5 ml / ¬Ω çay kaşığı domates püresi √ © e (makarna)

Deniz taraklarını zencefil, havuç ve sarımsakla karıştırın ve beklemeye bırakın. Unu, kabartma tozunu, 15 ml/1 yemek kaşığı yağı ve suyu bir hamur haline getirin ve muz dilimlerini bu hamurla kaplayın. Yağı ısıtın ve muzları altın rengi kahverengi olana kadar kızartın, süzün ve sıcak bir tavaya koyun. Bu arada brokoliyi tuzlu kaynar suda yumuşayana kadar pişirin ve süzün. Kalan yağı susam yağıyla ısıtın ve brokolileri kısa süre soteleyin, ardından muzla birlikte tabağa yayın. Tavaya biber sosunu, sirkeyi ve domates püresini ekleyip deniz taraklarını pişene kadar kızartın.

zencefil hacılar

4 kişi için

45 ml / 3 yemek kaşığı yer fıstığı yağı.

2,5 ml/¬Ω çay kaşığı tuz

3 dilim doğranmış zencefil kökü

Kalın dilimler halinde kesilmiş 2 taze soğan (yeşil soğan)

450 gr kabuklu deniz tarağı, ikiye bölünmüş

15 ml / 1 yemek kaşığı mısır unu (mısır nişastası)

60 ml / 4 yemek kaşığı su

Yağı ısıtın ve tuzu ve zencefili 30 saniye soteleyin. Frenk soğanı ekleyin ve altın kahverengi olana kadar soteleyin. Deniz taraklarını ekleyin ve 3 dakika soteleyin. Mısır unu ve suyu macun kıvamına getirip tencereye ekleyin ve kısık ateşte karıştırarak koyulaşana kadar pişirin. Derhal servis yapın.

jambonlu deniz tarağı

4 kişi için

450 gr kabuklu deniz tarağı, ikiye bölünmüş

250 ml / 8 fl oz / 1 bardak pirinç şarabı veya sek şeri

1 soğan ince doğranmış

2 dilim doğranmış zencefil

2,5 ml/¬Ω çay kaşığı tuz

100 gr doğranmış prosciutto

Deniz taraklarını bir kaseye koyun ve şarap veya şeri ekleyin. Kapağını kapatıp 30 dakika marine edin, ara sıra çevirin, ardından tarakları süzün ve turşuyu atın. Deniz taraklarını diğer malzemelerle birlikte pişirme kabına yerleştirin. Kabı buharlı pişiricinin rafına yerleştirin, üzerini kapatın ve taraklar yumuşayana kadar yaklaşık 6 dakika kaynar suda buharda pişirin.

Tarak ve otlar ile çırpılmış yumurta

4 kişi için

225 gr kabuklu deniz tarağı

30 ml / 2 yemek kaşığı doğranmış taze kişniş

4 çırpılmış yumurta

15 ml / 1 yemek kaşığı pirinç şarabı veya sek şeri

tuz ve taze çekilmiş karabiber

15 ml / 1 yemek kaşığı yer fıstığı yağı.

Deniz taraklarını buharlı pişiriciye yerleştirin ve boyutlarına bağlı olarak pişene kadar yaklaşık 3 dakika buharda pişirin. Buharlı pişiriciden çıkarın ve üzerine kişniş serpin. Yumurtaları şarap veya şeri ile çırpın ve tuz ve karabiberle tatlandırın. Deniz tarağı ve kişniş ekleyin. Yağı ısıtın ve yumurta ve midye karışımını sürekli karıştırarak yumurtalar sertleşene kadar kızartın. Derhal servis yapın.

Deniz tarağı ve haşlanmış soğan

4 kişi için

45 ml / 3 yemek kaşığı yer fıstığı yağı.

1 soğan, dilimlenmiş

450 gr temizlenmiş deniz tarağı, dörde bölünmüş

15 ml / 1 yemek kaşığı pirinç şarabı veya sek şeri

Yağı ısıtın ve soğanı yumuşayana kadar soteleyin. Deniz taraklarını ekleyin ve altın kahverengi olana kadar kızartın. Tuz ve karabiberle tatlandırın, şarap veya şeri ekleyin ve hemen servis yapın.

Sebze hacıları

4 6 6 kişilik

4 kurutulmuş Çin mantarı

2 soğan

30 ml / 2 yemek kaşığı yer fıstığı yağı (yer fıstığı).

3 kereviz sapı çapraz kesilmiş

225 gr çapraz kesilmiş yeşil fasulye

10 ml / 2 çay kaşığı rendelenmiş zencefil kökü

1 diş sarımsak, ezilmiş

20 ml / 4 çay kaşığı mısır unu (mısır nişastası)

250 ml / 8 fl oz / 1 su bardağı tavuk suyu

30 ml / 2 yemek kaşığı pirinç şarabı veya sek şeri

30 ml / 2 yemek kaşığı soya sosu

450 gr temizlenmiş deniz tarağı, dörde bölünmüş

6 taze soğan (yeşil soğan), dilimlenmiş

425 g / 15 oz koçanda konserve mısır

Mantarları ılık suda 30 dakika bekletin, sonra süzün. Sapları çıkarın ve üst kısımlarını kesin. Soğanı dilimler halinde kesin ve katmanları ayırın. Yağı ısıtın ve soğanı, kerevizi, fasulyeyi, zencefili ve sarımsağı 3 dakika soteleyin. Mısır nişastasını bir miktar et suyuyla karıştırın ve et suyunun geri kalanını, şarabı veya şeri ve soya sosunu ekleyin. Wok'a ekleyin ve karıştırarak kaynatın. Mantarları, deniz tarağını, yeşil soğanı ve mısırı ekleyip, deniz tarağı yumuşayana kadar yaklaşık 5 dakika soteleyin.

Biber Hacıları

4 kişi için

30 ml / 2 yemek kaşığı yer fıstığı yağı (yer fıstığı).

3 taze soğan (yeşil soğan), doğranmış

1 diş sarımsak, ezilmiş

2 dilim doğranmış zencefil

2 kırmızı biber, doğranmış

450 gr kabuklu deniz tarağı

30 ml / 2 yemek kaşığı pirinç şarabı veya sek şeri

15 ml / 1 yemek kaşığı soya sosu

15 ml / 1 yemek kaşığı sarı fasulye sosu

5 ml / 1 çay kaşığı şeker

5 ml / 1 çay kaşığı susam yağı

Yağı ısıtın ve taze soğanı, sarımsağı ve zencefili 30 saniye soteleyin. Kırmızı biberi ekleyip 1 dakika soteleyin. Deniz tarağını ekleyip 30 saniye soteleyin, ardından geri kalan malzemeleri ekleyin ve taraklar yumuşayana kadar yaklaşık 3 dakika pişirin.

Fasulye filizli ahtapot

4 kişi için

450 gr kalamar

30 ml / 2 yemek kaşığı yer fıstığı yağı (yer fıstığı).

15 ml / 1 yemek kaşığı pirinç şarabı veya sek şeri

100 gr fasulye filizi

15 ml / 1 yemek kaşığı soya sosu

Tuz

1 doğranmış kırmızı biber

2 dilim doğranmış zencefil

2 taze soğan (yeşil soğan), doğranmış

Kalamarın kafasını, bağırsaklarını ve zarını çıkarın ve daha büyük parçalar halinde kesin. Her parçaya bir kafes deseni kesin. Bir tencerede suyu kaynatın, kalamarları ekleyin ve parçalar buruşup süzülünceye kadar kısık ateşte pişirin. Yağın yarısını ısıtın ve kalamarları hızlıca kızartın. Şarap veya şeri ile yağını giderin. Bu arada kalan yağı ısıtın ve fasulye filizlerini yumuşayana kadar kızartın. Soya sosu ve tuzla tatlandırın. Biber, zencefil ve yeşil soğanı servis tabağının etrafına dizin. Ortasına fasulye filizlerini, üstüne de kalamarları koyun. Derhal servis yapın.

kızarmış kalamar

4 kişi için

50 g pürüzsüz un (tüm amaçlar için).

25 g / 1 oz / ¼ bardak mısır unu (mısır nişastası)

2,5 ml/¬Ω çay kaşığı kabartma tozu

2,5 ml/¬Ω çay kaşığı tuz

1 yumurta

75 ml / 5 yemek kaşığı su

15 ml / 1 yemek kaşığı yer fıstığı yağı.

450 g halkalar halinde kesilmiş kalamar

kızartmalık yağ

Un, mısır nişastası, kabartma tozu, tuz, yumurta, su ve yağı hamurun içine karıştırın. Kalamarları iyice kaplanıncaya kadar hamurun içine batırın. Yağı ısıtın ve kalamarları altın kahverengi olana kadar azar azar kızartın. Servis yapmadan önce emici kağıt üzerine boşaltın.

ahtapot paketleme

4 kişi için

8 kurutulmuş Çin mantarı

450 gr kalamar

100 gr füme jambon

100 gr tofu

1 çırpılmış yumurta

15 ml / 1 yemek kaşığı un (tüm amaçlar için).

2,5 ml/¬Ω çay kaşığı şeker

2,5 ml / ¬Ω çay kaşığı susam yağı

tuz ve taze çekilmiş karabiber

8 wonton görünümü

kızartmalık yağ

Mantarları ılık suda 30 dakika bekletin, sonra süzün. Sapları atın. Kalamarları temizleyip 8 parçaya bölün. Jambonu ve tofuyu 8 parçaya bölün. Hepsini bir kaseye koyun. Yumurtayı un, şeker, susam yağı, tuz ve karabiberle karıştırın. Malzemeleri kabın içine dökün ve yavaşça karıştırın. Mantarı ve bir parça kalamar, jambon ve tofuyu her wonton kabuğunun tam ortasına yerleştirin. Alt köşeyi geriye doğru katlayın, yanları katlayın ve yuvarlayın, kenarlarını suyla ıslatıp sızdırmaz hale getirin. Yağı ısıtın ve köfteleri altın rengi kahverengi olana kadar yaklaşık 8 dakika kızartın. Servis yapmadan önce iyice süzün.

Kızarmış kalamar ruloları

4 kişi için

45 ml / 3 yemek kaşığı yer fıstığı yağı.
225 gr ahtapot dilimleri
1 büyük yeşil biber, doğranmış
100 gr bambu filizi, dilimlenmiş

2 genç soğan (yeşil soğan), ince doğranmış

1 dilim zencefil, ince doğranmış

45 ml / 2 yemek kaşığı soya sosu

30 ml / 2 yemek kaşığı pirinç şarabı veya sek şeri

15 ml / 1 yemek kaşığı mısır unu (mısır nişastası)

15 ml / 1 yemek kaşığı balık suyu veya su

5 ml / 1 çay kaşığı şeker

5 ml / 1 çay kaşığı sirke

5 ml / 1 çay kaşığı susam yağı

tuz ve taze çekilmiş karabiber

15 ml / 1 yemek kaşığı yağı ısıtın ve kalamarları iyice kapanıncaya kadar hızlıca kızartın. Bu arada kalan yağı ayrı bir tavada ısıtın ve biberleri, bambu filizlerini, yeşil soğanları ve zencefili 2 dakika soteleyin. Kalamarları ekleyip 1 dakika soteleyin. Soya sosu, şarap veya şeri, mısır nişastası, et suyu, şeker, sirke ve susam yağını karıştırın ve tuz ve karabiberle tatlandırın. Sos hafifleşinceye ve kalınlaşıncaya kadar pişirin.

4 kişi için

45 ml / 3 yemek kaşığı yer fıstığı yağı.

3 adet taze soğan (yeşil soğan) kalın dilimler halinde kesilmiş

2 dilim doğranmış zencefil

450 gr parçalar halinde kesilmiş kalamar

15 ml / 1 yemek kaşığı soya sosu

15 ml / 1 yemek kaşığı pirinç şarabı veya sek şeri

5 ml / 1 çay kaşığı mısır unu (mısır nişastası)

15 ml / 1 yemek kaşığı su

Yağı ısıtın ve taze soğanı ve zencefili yumuşayana kadar soteleyin. Kalamarları ekleyin ve yağla kaplanana kadar kızartın. Soya sosu ve şarap veya şeri ekleyin, üzerini örtün ve 2 dakika pişirin. Mısır unu ve suyu macun kıvamına gelinceye kadar karıştırın, tencereye ekleyin ve kısık ateşte karıştırarak sos koyulaşıp kalamar yumuşayana kadar pişirin.

Ahtapot kurutulmuş mantarlı

4 kişi için

50 gr kuru Çin mantarı

450 g / 1 lb ahtapot dilimleri

45 ml / 3 yemek kaşığı yer fıstığı yağı.

45 ml / 3 yemek kaşığı soya sosu

2 genç soğan (yeşil soğan), ince doğranmış

1 dilim zencefil, ince doğranmış

225 gr bambu filizi, şeritler halinde kesilmiş

30 ml / 2 yemek kaşığı mısır unu (mısır nişastası)

150 ml / ¬° pt / iyi ¬Ω bardak balık suyu

Mantarları ılık suda 30 dakika bekletin, sonra süzün. Sapları çıkarın ve üst kısımlarını kesin. Kalamarları kaynar suda birkaç saniye haşlayın. Yağı ısıtıp mantarları, soya sosunu, taze soğanı ve zencefili ekleyip 2 dakika soteleyin. Kalamar ve bambu filizlerini ekleyip 2 dakika soteleyin. Mısır nişastasını ve et suyunu karıştırıp tencerede karıştırın. Sos berraklaşıp koyulaşana kadar karıştırarak kısık ateşte pişirin.

Ahtapot sebzeli

4 kişi için

45 ml / 3 yemek kaşığı yer fıstığı yağı.

1 soğan, dilimlenmiş

5 ml / 1 çay kaşığı tuz

450 gr parçalar halinde kesilmiş kalamar

100 gr bambu filizi, dilimlenmiş

2 kereviz sapı çapraz kesilmiş

60 ml / 4 yemek kaşığı tavuk suyu

5 ml / 1 çay kaşığı şeker

100 gr bezelye (bezelye)

5 ml / 1 çay kaşığı mısır unu (mısır nişastası)

15 ml / 1 yemek kaşığı su

Yağı ısıtın ve soğanı ve tuzu altın rengi kahverengi olana kadar soteleyin. Kalamarları ekleyin ve yağla kaplanana kadar kızartın. Bambu filizlerini ve kerevizi ekleyip 3 dakika soteleyin. Et suyunu ve şekeri ekleyin, kaynatın, kapağını kapatın ve sebzeler yumuşayana kadar 3 dakika pişirin. Acı sos ekleyin. Mısır unu ve suyu macun kıvamına getirin, tencereye alın ve sos koyulaşana kadar karıştırarak pişirin.

Anasonlu dana güveç

4 kişi için

30 ml / 2 yemek kaşığı yer fıstığı yağı (yer fıstığı).

450 g / 1 lb kıyma

1 diş sarımsak, ezilmiş

45 ml / 3 yemek kaşığı soya sosu

15 ml / 1 yemek kaşığı su

15 ml / 1 yemek kaşığı pirinç şarabı veya sek şeri

5 ml / 1 çay kaşığı tuz

5 ml / 1 çay kaşığı şeker

2 bakla yıldız anason

Yağı ısıtın ve etin her tarafını kızartın. Diğer malzemeleri ekleyin, kaynatın, kapağını kapatın ve yaklaşık 45 dakika pişirin, ardından eti ters çevirin, et kurumaya başlarsa biraz su ve soya sosu ekleyin. Etler yumuşayana kadar 45 dakika daha pişirin. Servis yapmadan önce yıldız anasonu karıştırın.

Kuşkonmazlı dana eti

4 kişi için

450 gr dana kuyruğu, küp şeklinde kesilmiş

30 ml / 2 yemek kaşığı soya sosu

30 ml / 2 yemek kaşığı pirinç şarabı veya sek şeri

45 ml / 3 yemek kaşığı mısır unu (mısır nişastası)

45 ml / 3 yemek kaşığı yer fıstığı yağı.

5 ml / 1 çay kaşığı tuz

1 diş sarımsak, ezilmiş

350 gr kuşkonmaz uçları

120 ml / 4 fl oz / ¬Ω bardak tavuk suyu

15 ml / 1 yemek kaşığı soya sosu

Biftekleri bir kaseye koyun. Soya sosu, şarap veya şeri ve 30 ml / 2 yemek kaşığı karıştırın. mısır nişastasını bifteğin üzerine dökün ve iyice karıştırın. 30 dakika marine etmeye bırakın. Yağı tuz ve sarımsakla ısıtın ve sarımsaklar hafifçe kızarana kadar soteleyin. Eti ve turşuyu ekleyin ve 4 dakika pişirin. Kuşkonmazı ekleyip tavada 2 dakika kızartın. Çorbayı ve soya sosunu ekleyin, kaynatın ve et pişene kadar 3 dakika karıştırarak pişirin. Mısır nişastasının geri kalanını biraz daha su veya et suyuyla karıştırıp sosa ekleyin. Sos hafifleşip koyulaşana kadar birkaç dakika karıştırarak pişirin.

Bambu filizli dana eti

4 kişi için

45 ml / 3 yemek kaşığı yer fıstığı yağı.

1 diş sarımsak, ezilmiş

1 taze soğan (yeşil soğan), doğranmış

1 dilim zencefil, ince doğranmış

225 gr yağsız sığır eti, şeritler halinde kesilmiş

100 gr bambu filizi

45 ml / 3 yemek kaşığı soya sosu

15 ml / 1 yemek kaşığı pirinç şarabı veya sek şeri

5 ml / 1 çay kaşığı mısır unu (mısır nişastası)

Yağı ısıtın ve sarımsak, taze soğan ve zencefili altın rengi kahverengi olana kadar soteleyin. Eti ekleyin ve altın rengi kahverengi olana kadar 4 dakika soteleyin. Bambu filizlerini ekleyin ve 3 dakika soteleyin. Soya sosu, şarap veya şeri ve mısır nişastasını ekleyin ve 4 dakika pişirin.

Bambu filizi ve mantarlı dana eti

4 kişi için

225 gr yağsız dana eti

45 ml / 3 yemek kaşığı yer fıstığı yağı.

1 dilim zencefil, ince doğranmış

100 gr bambu filizi, dilimlenmiş

100 gr mantar, dilimler halinde kesilmiş

45 ml / 3 yemek kaşığı pirinç şarabı veya sek şeri

5 ml / 1 çay kaşığı şeker

10 ml / 2 çay kaşığı soya sosu

tuz ve biber

120 ml / 4 fl oz / ¬Ω bardak sığır eti suyu

15 ml / 1 yemek kaşığı mısır unu (mısır nişastası)

30 ml / 2 yemek kaşığı su

Eti ince dilimler halinde kesin. Yağı ısıtın ve zencefili birkaç saniye soteleyin. Eti ekleyin ve altın kahverengi olana kadar soteleyin. Bambu filizlerini ve mantarları ekleyip 1 dakika soteleyin. Şarap veya şeri, şeker ve soya ekleyin ve tuz ve karabiberle tatlandırın. Çorbayı ekleyin, kaynatın, kapağını kapatın ve 3 dakika pişirin. Mısır nişastasını ve suyu karıştırıp tencereye dökün ve sos koyulaşana kadar karıştırarak pişirin.

Çin kızarmış sığır eti

4 kişi için

45 ml / 3 yemek kaşığı yer fıstığı yağı.

900 gr biftek

1 taze soğan (soğan), dilimlenmiş

1 diş sarımsak, kıyılmış

1 dilim zencefil, ince doğranmış

60 ml / 4 yemek kaşığı soya sosu

30 ml / 2 yemek kaşığı pirinç şarabı veya sek şeri

5 ml / 1 çay kaşığı şeker

5 ml / 1 çay kaşığı tuz

bir tutam biber

750 ml / 1° nokta / 3 su bardağı kaynar su

Yağı ısıtın ve eti her taraftan hızla kızartın. Yeşil soğan, sarımsak, zencefil, soya, şarap veya şeri, şeker, tuz ve karabiber ekleyin. Karıştırırken kaynamaya bırakın. Kaynar su ekleyin, karıştırarak tekrar kaynatın, ardından kapağını kapatıp etler yumuşayana kadar yaklaşık 2 saat pişirin.

Fasulye filizli dana eti

4 kişi için

450 gr yağsız sığır eti, dilimler halinde kesilmiş

1 yumurta beyazı

30 ml / 2 yemek kaşığı yer fıstığı yağı (yer fıstığı).

15 ml / 1 yemek kaşığı mısır unu (mısır nişastası)

15 ml / 1 yemek kaşığı soya sosu

100 gr fasulye filizi

25g/1oz lahana turşusu, doğranmış

1 doğranmış kırmızı biber

2 taze soğan (yeşil soğan), doğranmış

2 dilim doğranmış zencefil

Tuz

5 ml / 1 çay kaşığı istiridye sosu

5 ml / 1 çay kaşığı susam yağı

Eti yumurta akı, yağın yarısı, mısır nişastası ve soya ile karıştırıp 30 dakika dinlendirin. Fasulye filizlerini kaynar suda yaklaşık 8 dakika, neredeyse yumuşayana kadar haşlayın, süzün. Kalan yağı ısıtın ve eti altın rengi olana kadar kızartın, ardından tavadan çıkarın. Lahana, kırmızı biber, zencefil, tuz, istiridye sosu ve susam yağını ekleyip 2 dakika soteleyin. Fasulye filizlerini ekleyip 2 dakika soteleyin. Eti tekrar tavaya alın ve iyice birleşip iyice ısınana kadar kızartın. Derhal servis yapın.

Brokolili biftek

4 kişi için

1 pound / 450 gr dana incik, ince dilimlenmiş

30 ml / 2 yemek kaşığı mısır unu (mısır nişastası)

15 ml / 1 yemek kaşığı pirinç şarabı veya sek şeri

15 ml / 1 yemek kaşığı soya sosu

30 ml / 2 yemek kaşığı yer fıstığı yağı (yer fıstığı).

5 ml / 1 çay kaşığı tuz

1 diş sarımsak, ezilmiş

225 g / 8 ons brokoli çiçeği

150 ml / ¬° pt / cömert ¬Ω bardak sığır eti suyu

Biftekleri bir kaseye koyun. 15 ml / 1 çay kaşığı mısır nişastasını şarap veya şeri ve soya sosuyla karıştırın, eti ekleyin ve 30 dakika marine etmeye bırakın. Yağı tuz ve sarımsakla ısıtın ve sarımsaklar hafifçe kızarana kadar soteleyin. Biftek ve turşuyu ekleyin ve 4 dakika pişirin. Brokoliyi ekleyip 3 dakika soteleyin. Et suyunu ekleyin, kaynatın, kapağını kapatın ve brokoli yumuşayana ama hâlâ gevrek olana kadar 5 dakika pişirin. Kalan mısır nişastasını bir miktar suyla karıştırıp sosa ekleyin. Sos hafifleşip koyulaşıncaya kadar karıştırarak kısık ateşte pişirin.

Brokoli ile susamlı biftek

4 kişi için

150 gr yağsız dana eti, ince dilimlenmiş

2,5 ml / ¬Ω çay kaşığı istiridye sosu

5 ml / 1 çay kaşığı mısır unu (mısır nişastası)

5 ml / 1 çay kaşığı beyaz şarap sirkesi

60 ml / 4 yemek kaşığı yer fıstığı yağı (yer fıstığı).

100 gr brokoli çiçeği

5 ml / 1 çay kaşığı balık sosu

2,5 ml/¬Ω çay kaşığı soya sosu

250 ml / 8 fl oz / 1 su bardağı sığır eti suyu

30 ml / 2 yemek kaşığı susam

Eti istiridye sosu, 2,5 ml / ¬Ω çay kaşığı mısır nişastası, 2,5 ml / ¬Ω çay kaşığı sirke ve 15 ml / 1 çay kaşığı yağ ile 1 saat marine edin.

Bu arada 15 ml / 1 yemek kaşığı yağı ısıtın, brokoli, 2,5 ml / ¬Ω çay kaşığı balık sosu, soya sosu ve kalan sirkeyi ekleyin ve üzerine kaynar suyu yavaşça dökün. Yumuşak oluncaya kadar yaklaşık 10 dakika kısık ateşte pişirin.

Ayrı bir tavada 30 ml / 2 yemek kaşığı yağı ısıtın ve eti altın rengi oluncaya kadar kısa süre soteleyin. Et suyunu, kalan mısır nişastasını ve balık sosunu ekleyin, kaynatın, kapağını kapatın ve et yumuşayana kadar yaklaşık 10 dakika pişirin. Brokolileri süzüp ocağa koyun. Eti üstüne koyun ve üzerine bolca susam serpin.

Izgara et

4 kişi için

450 gr yağsız biftek, dilimlenmiş

60 ml / 4 yemek kaşığı soya sosu

2 diş sarımsak, kıyılmış

5 ml / 1 çay kaşığı tuz

2,5 ml / ¬Ω çay kaşığı taze çekilmiş biber

10 ml / 2 çay kaşığı şeker

Tüm malzemeleri karıştırın ve 3 saat mayalanmaya bırakın. Her iki tarafta yaklaşık 5 dakika boyunca ısıtılmış bir ızgarada kızartın veya pişirin (kızartma).

Kanton eti

4 kişi için

30 ml / 2 yemek kaşığı mısır unu (mısır nişastası)

2 yumurta akı sert zirvelere kadar dövüldü

450 gr biftek şeritler halinde kesilmiş

kızartmalık yağ

4 sap kereviz, dilimler halinde kesilmiş

2 soğan, dilimlenmiş

60 ml / 4 yemek kaşığı su

20 ml / 4 çay kaşığı tuz

75 ml / 5 yemek kaşığı soya sosu

60 ml / 4 yemek kaşığı pirinç şarabı veya sek şeri

30 ml / 2 yemek kaşığı şeker

taze kara biber

Mısır nişastasının yarısını yumurta akı ile karıştırın. Kızartmayı ekleyin ve eti hamurla kaplamak için karıştırın. Yağı ısıtın ve bifteği altın kahverengi olana kadar kızartın. Tavadan alıp kağıt havlu üzerine alıp suyunu süzün. 15 ml / 1 yemek kaşığı yağı ısıtıp kereviz ve soğanı 3 dakika soteleyin. Et, su, tuz, soya, şarap veya şeri ve şekeri ekleyin ve biberle tatlandırın. Kaynatın ve sos koyulaşana kadar karıştırarak pişirin.

Havuçlu dana eti

4 kişi için

30 ml / 2 yemek kaşığı yer fıstığı yağı (yer fıstığı).

450 gr yağsız dana eti, küp şeklinde kesilmiş

2 taze soğan (yeşil soğan), dilimlenmiş

2 diş sarımsak, kıyılmış

1 dilim zencefil, ince doğranmış

250 ml / 8 fl oz / 1 su bardağı soya sosu

30 ml / 2 yemek kaşığı pirinç şarabı veya sek şeri

30 ml / 2 yemek kaşığı esmer şeker

5 ml / 1 çay kaşığı tuz

600 ml / 1 pt / 2 ¬Ω bardak su

4 havuç, çapraz kesilmiş

Yağı ısıtın ve eti altın kahverengi olana kadar kızartın. Fazla yağını boşaltıp taze soğanı, sarımsağı, zencefili ve anasonu ekleyip 2 dakika soteleyin. Soya sosu, şarap veya şeri, şeker ve tuzu ekleyip iyice karıştırın. Suyu ekleyin, kaynatın, kapağını kapatın ve 1 saat pişirin. Havucu ekleyin, kapağını kapatın ve 30 dakika daha pişirin. Kapağı çıkarın ve sos azalıncaya kadar pişirin.

Kaju fıstığı ile sığır eti

4 kişi için

60 ml / 4 yemek kaşığı yer fıstığı yağı (yer fıstığı).

1 pound / 450 gr dana incik, ince dilimlenmiş

8 adet taze soğanı (yeşil soğan) küp şeklinde doğrayın

2 diş sarımsak, kıyılmış

1 dilim zencefil, ince doğranmış

75 g / 3 oz / ¬œ bardak kavrulmuş kaju fıstığı

120 ml / 4 fl oz / ¬Ω bardak su

20 ml / 4 çay kaşığı mısır unu (mısır nişastası)

20 ml / 4 çay kaşığı soya sosu

5 ml / 1 çay kaşığı susam yağı

5 ml / 1 çay kaşığı istiridye sosu

5 ml / 1 çay kaşığı acı sos

Yağın yarısını ısıtın ve eti altın rengi olana kadar kızartın. Tavadan çıkarın. Kalan yağı ısıtın ve taze soğan, sarımsak, zencefil ve kaju fıstıklarını 1 dakika soteleyin. Eti tekrar kaseye koyun. Diğer malzemeleri karıştırıp karışımı tencereye dökün. Kaynatın ve karışım koyulaşana kadar karıştırarak pişirin.

4 kişi için

30 ml / 2 yemek kaşığı yer fıstığı yağı (yer fıstığı).

450 g küp şeklinde kesilmiş dana eti

3 dilim doğranmış zencefil kökü

3 havuç, dilimler halinde kesilmiş

1 şalgam, doğranmış

15 ml / 1 yemek kaşığı çekirdeği çıkarılmış siyah hurma

15 ml / 1 yemek kaşığı lotus tohumu

30 ml / 2 yemek kaşığı domates salçası (makarna)

10 ml / 2 yemek kaşığı tuz

900 ml / 1¬Ω puan / 3¬æ bardak et suyu

250 ml / 8 fl oz / 1 bardak pirinç şarabı veya sek şeri

Yağı büyük bir tencerede veya tavada ısıtın ve etleri her tarafı pişene kadar kızartın.

Karnabaharlı dana eti

4 kişi için

225 gr karnabahar çiçeği

kızartmalık yağ

225 gr sığır eti, şeritler halinde kesilmiş

50 gr bambu filizi, şeritler halinde kesilmiş

Şeritler halinde kesilmiş 10 adet su kestanesi

120 ml / 4 fl oz / ¬Ω bardak tavuk suyu

15 ml / 1 yemek kaşığı soya sosu

15 ml / 1 yemek kaşığı istiridye sosu

15 ml / 1 yemek kaşığı domates salçası (makarna)

15 ml / 1 yemek kaşığı mısır unu (mısır nişastası)

2,5 ml / ¬Ω çay kaşığı susam yağı

Karnabaharı kaynar suda 2 dakika haşlayıp süzün. Yağı ısıtın ve karnabaharı altın kahverengi olana kadar kızartın. Kağıt havlu üzerine boşaltıp süzün. Yağı ısıtın ve eti hafifçe kızarana kadar kızartın, süzün ve süzün. 15 ml / 1 yemek kaşığı dışında kalan yağı dökün ve bambu filizlerini ve kestaneleri 2 dakika soteleyin. Diğer malzemeleri ekleyip kaynatın ve sos koyulaşana kadar karıştırarak pişirin. Eti ve karnabaharı tekrar tavaya alıp hafifçe ısıtın. Derhal servis yapın.

Kerevizli dana eti

4 kişi için

Şeritler halinde kesilmiş 100 gr kereviz

45 ml / 3 yemek kaşığı yer fıstığı yağı.

2 taze soğan (yeşil soğan), doğranmış

1 dilim zencefil, ince doğranmış

225 gr yağsız sığır eti, şeritler halinde kesilmiş

30 ml / 2 yemek kaşığı soya sosu

30 ml / 2 yemek kaşığı pirinç şarabı veya sek şeri

2,5 ml/¬Ω çay kaşığı şeker

2,5 ml/¬Ω çay kaşığı tuz

Kerevizi kaynar suda 1 dakika haşlayıp iyice süzün. Yağı ısıtın ve yeşil soğanları ve zencefili altın rengi kahverengi olana kadar soteleyin. Eti ekleyin ve 4 dakika pişirin. Kereviz ekleyin ve 2 dakika soteleyin. Soya sosu, şarap veya şeri, şeker ve tuzu ekleyip 3 dakika kızartın.

Kereviz ile kızartılmış dana eti dilimleri

4 kişi için

30 ml / 2 yemek kaşığı yer fıstığı yağı (yer fıstığı).

Şeritler halinde kesilmiş 450 g yağsız sığır eti

3 kereviz sapı, doğranmış

1 doğranmış soğan

1 taze soğan (soğan), dilimlenmiş

1 dilim zencefil, ince doğranmış

30 ml / 2 yemek kaşığı soya sosu

15 ml / 1 yemek kaşığı pirinç şarabı veya sek şeri

2,5 ml/¬Ω çay kaşığı şeker

2,5 ml/¬Ω çay kaşığı tuz

10 ml / 2 çay kaşığı mısır unu (mısır nişastası)

30 ml / 2 yemek kaşığı su

Yağın yarısını çok sıcak olana kadar ısıtın ve eti 1 dakika altın rengi kahverengi olana kadar kızartın. Tavadan çıkarın. Kalan yağı ısıtıp kereviz, soğan, taze soğan ve zencefili biraz yumuşayana kadar soteleyin. Eti soya sosu, şarap veya şeri, şeker ve tuzla birlikte tekrar tavaya alın, kaynatın ve ısınana kadar pişirin. Mısır nişastasını ve suyu karıştırın, tavaya alın ve sos koyulaşana kadar pişirin. Derhal servis yapın.

4 kişi için

4 kurutulmuş Çin mantarı

45 ml / 3 yemek kaşığı yer fıstığı yağı.

2 diş sarımsak, kıyılmış

1 zencefil kökü, dilimlenmiş, ince doğranmış

5 ml / 1 çay kaşığı tuz

100 gr yağsız sığır eti, şeritler halinde kesilmiş

100 gr tavuk, şeritler halinde kesilmiş

2 havuç, şeritler halinde kesilmiş

2 sap kereviz, şeritler halinde kesilmiş

4 taze soğan (yeşil soğan), şeritler halinde kesilmiş

5 ml / 1 çay kaşığı şeker

5 ml / 1 çay kaşığı soya sosu

5 ml / 1 çay kaşığı pirinç şarabı veya sek şeri

45 ml / 3 yemek kaşığı su

5 ml / 1 çay kaşığı mısır unu (mısır nişastası)

Mantarları ılık suda 30 dakika bekletin, sonra süzün. Saplarını çıkarın ve tarakları doğrayın. Yağı ısıtın ve sarımsak, zencefil ve tuzu altın rengi kahverengi olana kadar soteleyin. Sığır eti ve tavuğu ekleyin ve kahverengileşene kadar soteleyin. Kereviz, taze soğan, şeker, soya, şarap veya şeri ve suyu ekleyip kaynatın.

Etler yumuşayıncaya kadar kapağını kapatıp yaklaşık 15 dakika pişirin. Mısır nişastasını bir miktar suyla karıştırıp sosa ekleyin ve sos koyulaşıncaya kadar karıştırarak pişirin.

kırmızı biber eti

4 kişi için

Şeritler halinde kesilmiş 450 gr sığır filetosu

45 ml / 3 yemek kaşığı soya sosu

15 ml / 1 yemek kaşığı pirinç şarabı veya sek şeri

15 ml / 1 yemek kaşığı esmer şeker

15 ml / 1 yemek kaşığı ince kıyılmış zencefil kökü

30 ml / 2 yemek kaşığı yer fıstığı yağı (yer fıstığı).

Çubuklar halinde kesilmiş 50 gr bambu filizi

1 soğan, şeritler halinde kesilmiş

Kibrit çöpü şeklinde kesilmiş 1 kereviz

2 kırmızı biber, çekirdeğini çıkarın ve şeritler halinde kesin

120 ml / 4 fl oz / ¬Ω bardak tavuk suyu

15 ml / 1 yemek kaşığı mısır unu (mısır nişastası)

Biftekleri bir kaseye koyun. Soya sosu, şarap veya şeri, şeker ve zencefili karıştırın ve biftekle birleştirin. 1 saat marine edilmeye bırakın. Biftekleri marinattan çıkarın. Yağın yarısını ısıtın ve bambu filizlerini, soğanı, kerevizi ve kırmızı biberi 3 dakika soteleyin, ardından tavadan çıkarın. Kalan yağı ısıtın ve bifteği 3 dakika pişirin. Turşuyu karıştırın, kaynatın ve kızarmış sebzeleri ekleyin. 2 dakika karıştırarak pişirin. Et suyu ve mısır nişastasını karıştırıp tencereye ekleyin. Kaynatın ve sos berraklaşıp koyulaşana kadar karıştırarak pişirin.

Çin lahanası sığır eti

4 kişi için

225 gr yağsız dana eti

30 ml / 2 yemek kaşığı yer fıstığı yağı (yer fıstığı).

350 gr Çin lahanası, rendelenmiş

120 ml / 4 fl oz / ¬Ω bardak sığır eti suyu

tuz ve taze çekilmiş karabiber

10 ml / 2 çay kaşığı mısır unu (mısır nişastası)

30 ml / 2 yemek kaşığı su

Eti ince dilimler halinde kesin. Yağı ısıtın ve eti altın kahverengi olana kadar kızartın. Çin lahanasını ekleyin ve hafifçe yumuşayana kadar soteleyin. Çorbayı ekleyin, kaynatın ve tuz ve karabiberle tatlandırın. Kapağını kapatıp etler yumuşayana kadar 4 dakika pişirin. Mısır nişastasını ve suyu karıştırıp tencereye dökün ve sos koyulaşana kadar karıştırarak pişirin.

Dana Pirzola Suey

4 kişi için

3 sap kereviz, dilimler halinde kesilmiş

Kereviz, fasulye filizi ve brokoliyi kaynar suda 2 dakika haşlayıp süzün ve kurutun. 45 ml / 3 yemek kaşığı yağı ısıtın ve taze soğanı, sarımsağı ve zencefili altın rengi alana kadar soteleyin. Eti ekleyin ve 4 dakika pişirin. Tavadan çıkarın. Kalan yağı ısıtın ve sebzeleri 3 dakika soteleyin. Et, soya, şarap veya şeri, tuz, şeker ve bir tutam biberi ekleyip 2 dakika pişirin. Mısır nişastasını biraz suyla karıştırın, tavaya dökün ve sos berraklaşıp koyulaşana kadar karıştırarak pişirin.

4 kişi için

1 pound / 450 gr dana incik, ince dilimlenmiş

45 ml / 3 yemek kaşığı soya sosu

30 ml / 2 yemek kaşığı mısır unu (mısır nişastası)

60 ml / 4 yemek kaşığı yer fıstığı yağı (yer fıstığı).

2 salatalık, soyulmuş, çekirdeği çıkarılmış ve dilimlenmiş

60 ml / 4 yemek kaşığı tavuk suyu

30 ml / 2 yemek kaşığı pirinç şarabı veya sek şeri

tuz ve taze çekilmiş karabiber

Biftekleri bir kaseye koyun. Soya sosunu ve mısır nişastasını karıştırıp biftekle birleştirin. 30 dakika marine etmeye bırakın. Yağın yarısını ısıtın ve salatalıkları yarı saydam hale gelinceye kadar 3 dakika soteleyin, ardından tavadan çıkarın. Kalan yağı ısıtın ve bifteği altın rengi kahverengi olana kadar kızartın. Salatalıkları ekleyin ve 2 dakika soteleyin. Et suyu, şarap veya şeri ekleyin ve tuz ve karabiberle tatlandırın. Kaynatın, örtün ve 3 dakika pişirin.

et yemeği mein

4 kişi için

El filetosu 750 g / 1 ¬Ω lb

2 soğan

45 ml / 3 yemek kaşığı soya sosu

45 ml / 3 yemek kaşığı pirinç şarabı veya sek şeri

15 ml / 1 yemek kaşığı fıstık ezmesi

5 ml / 1 çay kaşığı limon suyu

350 gr yumurta ezmesi

60 ml / 4 yemek kaşığı yer fıstığı yağı (yer fıstığı).

175 ml / 6 fl oz / ¬œ dl tavuk suyu

15 ml / 1 yemek kaşığı mısır unu (mısır nişastası)

30 ml / 2 yemek kaşığı istiridye sosu

4 taze soğan (yeşil soğan), doğranmış

3 sap kereviz, dilimler halinde kesilmiş

100 gr mantar, dilimler halinde kesilmiş

1 yeşil biber, şeritler halinde kesilmiş

100 gr fasulye filizi

Eti kesin ve yağını çıkarın. Parmesanı enine ince dilimler halinde kesin. Soğanı dilimler halinde kesin ve katmanları ayırın. 15 ml / 1 yemek kaşığı soya sosunu 15 ml / 1 yemek kaşığı şarap veya şeri, fıstık ezmesi ve limon suyuyla karıştırın. Eti ekleyin, üzerini örtün ve 1 saat bekletin. Erişteleri kaynar suda yaklaşık 5 dakika veya yumuşayana kadar pişirin. İyice boşaltın. 15 ml / 1 çay kaşığı yağı ısıtın, 15 ml / 1 çay kaşığı soya sosu ve erişteyi ekleyip 2 dakika altın rengi oluncaya kadar soteleyin. Sıcak bir servis tabağına aktarın.

Kalan soya sosunu ve şarabı veya şeriyi et suyu, mısır nişastası ve istiridye sosuyla birleştirin. 15 ml / 1 yemek kaşığı yağı ısıtın ve soğanı 1 dakika soteleyin. Kereviz, mantar, biber ve fasulye filizlerini ekleyip 2 dakika soteleyin. Wok'tan çıkarın. Kalan yağı ısıtın ve eti altın rengi olana kadar kızartın. Çorbayı ekleyin, kaynatın, kapağını kapatın ve 3 dakika pişirin. Sebzeleri wok'a geri koyun ve iyice ısınana kadar yaklaşık 4 dakika karıştırarak kızartın. Karışımı eriştelerin üzerine dökün ve servis yapın.

pişmiş salatalık

4 kişi için

450 gr dana fileto
10 ml / 2 çay kaşığı mısır unu (mısır nişastası)
10 ml / 2 çay kaşığı tuz

2,5 ml / ¬Ω çay kaşığı taze çekilmiş biber

90 ml / 6 yemek kaşığı yer fıstığı yağı.

1 soğan ince doğranmış

1 salatalık, soyulmuş ve dilimlenmiş

120 ml / 4 fl oz / ¬Ω bardak sığır eti suyu

Biftekleri şeritler halinde ve ardından damarlara karşı ince dilimler halinde kesin. Bir kaseye alıp mısır nişastasını, tuzu, karabiberi ve yağın yarısını ekleyin. 30 dakika marine etmeye bırakın. Yağın geri kalanını ısıtın ve eti ve soğanı altın rengi kahverengi olana kadar soteleyin. Salatalığı ve çorbayı ekleyin, kaynatın, kapağını kapatın ve 5 dakika pişirin.

Fırında dana köri

4 kişi için

45 ml / 3 yemek kaşığı tereyağı

15 ml / 1 yemek kaşığı köri tozu

45 ml / 3 yemek kaşığı un (tüm amaçlar için).

375 ml / 13 fl oz / 1 Ω bardak süt

15 ml / 1 yemek kaşığı soya sosu

tuz ve taze çekilmiş karabiber

450 gr pişmiş kıyma

100 gr bezelye

2 havuç, doğranmış

2 soğan doğranmış

225 gr pişmiş uzun taneli pirinç, sıcak

1 adet haşlanmış yumurta, dilimlenmiş

Tereyağını eritin, köri ve unu ekleyip 1 dakika pişirin. Süt ve soyayı ekleyin, kaynatın ve karıştırarak 2 dakika pişirin. Tuz ve karabiber ekleyin. Sığır eti, bezelye, havuç ve soğanı ekleyin ve sosla iyice kaplanacak şekilde iyice karıştırın. Pirinci ekleyin, ardından karışımı bir tepsiye aktarın ve önceden ısıtılmış 200∞C / 400∞F / termostat 6 fırında 20 dakika sebzeler yumuşayana kadar pişirin. Haşlanmış yumurta dilimleriyle süsleyerek servis yapın.

ekşi kulak

4 kişi için

450 g / 1 lb konserve haliç

45 ml / 3 yemek kaşığı soya sosu

30 ml / 2 yemek kaşığı sirke

5 ml / 1 çay kaşığı şeker

birkaç damla susam yağı

Deniz kulağını boşaltın ve ince dilimler veya şeritler halinde kesin. Geri kalan malzemeleri karıştırın, abalonun üzerine dökün ve iyice karıştırın. Örtün ve 1 saat buzdolabında saklayın.

Bambu filizlerinden güveç

4 kişi için

60 ml / 4 yemek kaşığı yer fıstığı yağı (yer fıstığı).

225 gr bambu filizi, şeritler halinde kesilmiş

60 ml / 4 yemek kaşığı tavuk suyu

15 ml / 1 yemek kaşığı soya sosu

5 ml / 1 çay kaşığı şeker

5 ml / 1 çay kaşığı pirinç şarabı veya sek şeri

Yağı ısıtın ve bambu filizlerini 3 dakika kızartın. Et suyunu, soyayı, şekeri ve şarabı veya şeriyi karıştırıp tavaya ekleyin. Kapağını kapatıp kısık ateşte 20 dakika pişirin. Servis yapmadan önce soğumaya ve soğumaya bırakın.

4 kişi için

1 salatalık, soyulmuş ve çekirdeği çıkarılmış

225 gr haşlanmış tavuk, küçük parçalar halinde kesilmiş

5 ml / 1 çay kaşığı hardal tozu

2,5 ml/¬Ω çay kaşığı tuz

30 ml / 2 yemek kaşığı sirke

Salatalığı şeritler halinde kesip servis tabağına dizin. Üzerine
tavukları yerleştirin. Servis yapmadan hemen önce hardalı, tuzu
ve sirkeyi karıştırıp tavuğun üzerine dökün.

4 kişi için

350 gr haşlanmış tavuk

120 ml / 4 fl oz / ¬Ω bardak su

5 ml / 1 çay kaşığı hardal tozu

15 ml / 1 yemek kaşığı susam

2,5 ml/¬Ω çay kaşığı tuz

bir tutam şeker

45 ml / 3 yemek kaşığı doğranmış taze kişniş

5 taze soğan (yeşil soğan), doğranmış

¬Ω marul başı, rendelenmiş

Tavukları ince şeritler halinde kesin. Pürüzsüz bir macun elde etmek için hardalı yeterince suyla karıştırın ve tavuğa ekleyin. Susam tohumlarını kuru bir tavada hafifçe kızarıncaya kadar kavurun, ardından tavuğa ekleyin ve üzerine tuz ve şeker serpin. Maydanozun ve dereotunun yarısını ekleyip iyice karıştırın. Salatayı servis tabağına alıp üzerine tavuklu karışımı dökün ve kalan maydanozla süsleyin.

4 kişi için

1 büyük karpuz, ikiye bölünmüş ve çekirdeği çıkarılmış

450 g / 1 lb konserve liçi, süzülmüş

5 cm / 2 sap zencefil, dilimlenmiş

birkaç nane yaprağı

Kavun yarımlarını liçi ve zencefille süsleyin, nane yapraklarıyla süsleyin. Servis yapmadan önce soğutun.

Kırmızı haşlanmış tavuk kanadı

4 kişi için

8 tavuk kanadı

2 taze soğan (yeşil soğan), doğranmış

75 ml / 5 yemek kaşığı soya sosu

120 ml / 4 fl oz / ¬Ω bardak su

30 ml / 2 yemek kaşığı esmer şeker

Tavuk kanatlarının kemik uçlarını kesip atın ve ikiye bölün. Diğer malzemelerle birlikte bir tencereye koyun, kaynatın, kapağını kapatın ve 30 dakika kısık ateşte pişirin. Kapağı açın ve sık sık bastırarak 15 dakika daha kısık ateşte pişirmeye devam edin. Servis yapmadan önce soğumaya ve buzdolabında bekletin.

4 kişi için

100 gr yengeç eti, şeritler halinde

2 salatalık, soyulmuş ve doğranmış

1 dilim zencefil, ince doğranmış

15 ml / 1 yemek kaşığı soya sosu

30 ml / 2 yemek kaşığı sirke

5 ml / 1 çay kaşığı şeker

birkaç damla susam yağı

Yengeç etini ve salatalıkları bir kaseye koyun. Kalan malzemeleri karıştırın, yengeç karışımının üzerine dökün ve iyice karıştırın. Servis yapmadan 30 dakika önce örtün ve soğutun.

Marine edilmiş mantarlar

4 kişi için

225 gr mantar

30 ml / 2 yemek kaşığı soya sosu

15 ml / 1 yemek kaşığı pirinç şarabı veya sek şeri

bir tutam tuz

birkaç damla Tabasco

birkaç damla susam yağı

Mantarları kaynar suda 2 dakika haşlayıp süzün ve kurutun. Bir kaseye alıp diğer malzemeleri üzerine dökün. İyice karıştırın ve servis yapmadan önce soğumasını bekleyin.

Marine edilmiş sarımsaklı mantarlar

4 kişi için

225 gr mantar

3 diş sarımsak, kıyılmış

30 ml / 2 yemek kaşığı soya sosu

30 ml / 2 yemek kaşığı pirinç şarabı veya sek şeri

15 ml / 1 yemek kaşığı susam yağı

bir tutam tuz

Mantarları ve sarımsakları bir kevgir içine koyun, üzerine kaynar su dökün ve 3 dakika bekletin. Drenaj yapın ve iyice kurulayın. Diğer malzemeleri karıştırın, turşuyu mantarların üzerine dökün ve 1 saat marine etmelerini bekleyin.

Karides ve karnabahar

4 kişi için

225 gr karnabahar çiçeği

100 gr soyulmuş karides

15 ml / 1 yemek kaşığı soya sosu

5 ml / 1 çay kaşığı susam yağı

Karnabaharı ayrı ayrı yaklaşık 5 dakika, yumuşayana kadar ama hala gevrek olana kadar pişirin. Karidesle karıştırın, üzerine soya sosu ve susam yağı serpip karıştırın. Servis yapmadan önce soğutun.

4 kişi için

225 gr jambon şeritler halinde kesilmiş

10 ml / 2 çay kaşığı soya sosu

2,5 ml / ¬Ω çay kaşığı susam yağı

Jambonu servis tabağına dizin. Soya yağı ve susam yağını karıştırıp jambonun üzerine serpip servis yapın.

soğuk tofu

4 kişi için

450 gr tofu, dilimler halinde kesilmiş

45 ml / 3 yemek kaşığı soya sosu

45 ml / 3 yemek kaşığı yer fıstığı yağı.

taze kara biber

Her seferinde birkaç dilim olan tofuyu bir süzgecin içine koyun ve 40 saniye kaynar suya dökün, süzün ve servis tabağına yerleştirin. Soğumaya bırakın. Soya sosunu ve yağı karıştırın, tofunun üzerine serpin ve biber serperek servis yapın.

Pastırmalı tavuk

4 kişi için

225 gr tavuk, çok ince dilimlenmiş

75 ml / 5 yemek kaşığı soya sosu

15 ml / 1 yemek kaşığı pirinç şarabı veya sek şeri

1 diş sarımsak, ezilmiş

15 ml / 1 yemek kaşığı esmer şeker

5 ml / 1 çay kaşığı tuz

5 ml / 1 çay kaşığı ince kıyılmış zencefil

225 g yağsız domuz pastırması küpler halinde kesilmiş

100 gr su kestanesi, çok ince dilimlenmiş

30 ml / 2 yemek kaşığı bal

Tavuğu bir kaseye yerleştirin. 45 ml / 3 yemek kaşığı soya sosunu şarap veya şeri, sarımsak, şeker, tuz ve zencefille karıştırın, tavuğun üzerine dökün ve yaklaşık 3 saat marine edin. Tavuk, pastırma ve kestaneleri kebap şişinin üzerine koyun. Soyanın geri kalanını balla karıştırın ve şişleri kaplayın. Tamamen pişene kadar yaklaşık 10 dakika boyunca sıcak bir piliç altında kızartın (kızartın), sık sık çevirin ve pişerken daha fazla sırla fırçalayın.

4 kişi için

2 adet haşlanmış tavuk göğsü

2 sert muz

6 dilim ekmek

4 yumurta

120 ml / 4 fl oz / ¬Ω bardak süt

50 g / 2 oz / ¬Ω bardak çok amaçlı un.

225 g / 8 oz / 4 bardak taze galeta unu

kızartmalık yağ

Tavuğu 24 parçaya bölün. Muzları soyun ve uzunlamasına dörde bölün. 24 parça elde etmek için her çeyreği üçe bölün. Ekmeğin kabuğunu çıkarın ve dörde bölün. Yumurtaları ve sütü çırpın ve ekmeğin bir tarafını kaplayın. Her bir ekmek parçasının yumurtayla fırçalanmış tarafına bir parça tavuk ve bir parça muz yerleştirin. Karelere hafifçe un serpin, ardından yumurtaya bulayın ve galeta unu serpin. Tekrar yumurtaya ve galeta ununa bulayın. Yağı ısıtın ve altın rengi kahverengi olana kadar birkaç kare kızartın. Servis yapmadan önce emici kağıt üzerine boşaltın.

Zencefil ve mantarlı tavuk

4 kişi için

225 gr tavuk göğsü

5 ml / 1 çay kaşığı beş baharat tozu

15 ml / 1 yemek kaşığı un (tüm amaçlar için).

120 ml / 4 fl oz / ¬Ω bardak yer fıstığı (yer fıstığı) yağı.

4 arpacık, yarıya bölünmüş

1 diş sarımsak, dilimlenmiş

1 dilim zencefil, ince doğranmış

25 g / 1 oz / ¬° bardak kaju fıstığı

5 ml / 1 çay kaşığı bal

15 ml / 1 yemek kaşığı pirinç unu

75 ml / 5 yemek kaşığı pirinç şarabı veya sek şeri

100 gr mantar dörde bölünmüş

2,5 ml/¬Ω çay kaşığı zerdeçal

6 sarı biber, ikiye bölünmüş

5 ml / 1 çay kaşığı soya sosu

¬¬ limon suyu

tuz ve biber

4 yaprak çıtır marul

Tavuk göğsünü Parmesan ile çapraz olarak ince şeritler halinde kesin. Beş baharat serpin ve hafifçe un serpin. 15 ml/1 yemek kaşığı yağı ısıtın ve tavuğu altın kahverengi olana kadar kızartın. Tavadan çıkarın. Biraz yağı ısıtın ve arpacık soğanı, sarımsak, zencefil ve kaju fıstıklarını 1 dakika soteleyin. Balı ekleyin ve sebzeler kaplanana kadar karıştırın. Un serpin ve şarap veya şeri ekleyin. Mantarları, zerdeçalı ve kırmızı biberi ekleyip 1 dakika pişirin. Tavuk, soya sosu, yarım limon suyu, tuz ve karabiberi ekleyip ısıtın. Tavadan alıp sıcak tutun. Biraz daha yağı ısıtıp marul yapraklarını ekleyip hızlıca kızartın,

4 kişi için

225 gr tavuk, çok ince dilimlenmiş

75 ml / 5 yemek kaşığı soya sosu

15 ml / 1 yemek kaşığı pirinç şarabı veya sek şeri

15 ml / 1 yemek kaşığı esmer şeker

5 ml / 1 çay kaşığı ince kıyılmış zencefil

1 diş sarımsak, ezilmiş

225 gr pişmiş jambon küp şeklinde kesilmiş

30 ml / 2 yemek kaşığı bal

Tavuğu 45ml/3 yemek kaşığı soya sosu, şarap veya şeri, şeker, zencefil ve sarımsakla dolu bir kaseye koyun. 3 saat marine edilmeye bırakın. Tavuğu ve jambonu kebap şişinin üzerine yerleştirin. Soyanın geri kalanını balla karıştırın ve şişleri kaplayın. Yaklaşık 10 dakika boyunca sıcak piliç altında kızartın (kızartın), sık sık çevirin ve pişirirken sırla yağlayın.

Izgara tavuk karaciğeri

4 kişi için

450 gr tavuk ciğeri

45 ml / 3 yemek kaşığı soya sosu

15 ml / 1 yemek kaşığı pirinç şarabı veya sek şeri

15 ml / 1 yemek kaşığı esmer şeker

5 ml / 1 çay kaşığı tuz

5 ml / 1 çay kaşığı ince kıyılmış zencefil

1 diş sarımsak, ezilmiş

Tavuk ciğerlerini kaynar suda 2 dakika haşlayıp iyice süzün. Yağ hariç diğer tüm malzemelerle birlikte bir kaseye koyun ve yaklaşık 3 saat marine etmeye bırakın. Tavuk ciğerlerini kebap şişlerine geçirin ve ısıtılmış ızgarada güzelce kızarıncaya kadar yaklaşık 8 dakika kızartın.

Su kestaneli yengeç köfte

4 kişi için

450 gr kerevit, kıyılmış

100 gr doğranmış su kestanesi

1 diş sarımsak, ezilmiş

1 cm/¬Ω dilimlenmiş zencefil kökü, ince doğranmış

45 ml / 3 yemek kaşığı mısır unu (mısır nişastası)

30 ml / 2 yemek kaşığı soya sosu

15 ml / 1 yemek kaşığı pirinç şarabı veya sek şeri

5 ml / 1 çay kaşığı tuz

5 ml / 1 çay kaşığı şeker

3 çırpılmış yumurta

kızartmalık yağ

Yağ hariç tüm malzemeleri karıştırıp toplar oluşturun. Yağı ısıtın ve yengeç köftelerini altın rengi kahverengi olana kadar kızartın. Servis yapmadan önce iyice süzün.

dim sum

4 kişi için

100 gr soyulmuş karides, doğranmış

225 gr yağsız domuz eti, ince doğranmış

50 gr Çin lahanası, ince doğranmış

3 taze soğan (yeşil soğan), doğranmış

1 çırpılmış yumurta

30 ml / 2 yemek kaşığı mısır unu (mısır nişastası)

10 ml / 2 çay kaşığı soya sosu

5 ml / 1 çay kaşığı susam yağı

5 ml / 1 çay kaşığı istiridye sosu

24 wonton görünümü

kızartmalık yağ

Karides, domuz eti, lahana ve yeşil soğanı karıştırın. Yumurta, mısır nişastası, soya sosu, susam yağı ve istiridye sosunu karıştırın. Her wonton kabuğunun ortasına karışımdan kaşık dolusu damlatın. Sargıları dikkatlice dolgunun etrafına sarın, kenarlarını sıkıştırın, ancak üst kısmı açık bırakın. Yağı ısıtın ve dim sum'u altın kahverengi olana kadar azar azar kızartın. İyice süzün ve sıcak olarak servis yapın.

4 kişi için

2 tavuk göğsü

1 diş sarımsak, ezilmiş

2,5 ml/¬Ω çay kaşığı tuz

2,5 ml / ¬Ω çay kaşığı beş baharat tozu

4 dilim pişmiş jambon

1 çırpılmış yumurta

30 ml / 2 yemek kaşığı süt

25 g / 1 oz / ¬° bardak sade un (çok amaçlı).

4 dilim bahar rulosu

kızartmalık yağ

Tavuk göğsünü ikiye bölün. Çok iyi hale gelinceye kadar onları çırpın. Sarımsak, tuz ve beş baharat tozunu karıştırıp tavuğun üzerine serpin. Her tavuk parçasına bir dilim jambon koyun ve iyice yuvarlayın. Yumurta ve sütü karıştırın. Tavuk parçalarını hafifçe unlayın ve yumurtalı karışıma batırın. Her parçayı deri tarafı aşağı bakacak şekilde bir yumurta oklavasına yerleştirin ve kenarlarını çırpılmış yumurta ile fırçalayın. Kenarları katlayın, ardından kenarları kahverengiye sıkıştırarak yuvarlayın. Yağı ısıtın ve ruloları altın rengi kahverengi olana kadar yaklaşık 5 dakika kızartın.

kahverengileşmiş ve kahverengileşmiştir. Kağıt havlu üzerine boşaltın ve çapraz olarak kalın bir şekilde keserek servis yapın.

Fırında jambon halkaları

4 kişi için

350 g / 12 oz / 3 su bardağı un (çok amaçlı).

175 g / 6 oz / ¬œ bardak tereyağı

120 ml / 4 fl oz / ¬Ω bardak su

225 gr doğranmış jambon

100 gr doğranmış bambu filizi

2 taze soğan (yeşil soğan), doğranmış

15 ml / 1 yemek kaşığı soya sosu

30 ml / 2 yemek kaşığı susam

Unu bir kaseye alıp tereyağını ekleyin. Bir macun yapmak için suyla karıştırın. Hamuru açın ve 5 cm/2 cm'lik daireler kesin. Susam hariç diğer tüm malzemeleri birleştirin ve her daireye dökün. Milföy hamurlarının kenarlarını suyla fırçalayın ve kapatın. Dışını suyla fırçalayın ve susam serpin. Önceden ısıtılmış fırında 180 ¬∞C / 350 ¬∞F / termostat 4'te 30 dakika pişirin.

sahte tütsülenmiş balık

4 kişi için

1 adet levrek

3 dilim dilimlenmiş zencefil

1 diş sarımsak, ezilmiş

1 taze soğan (baharatlı), sıklıkla dilimlenmiş

75 ml / 5 yemek kaşığı soya sosu

30 ml / 2 yemek kaşığı pirinç şarabı veya sek şeri

2,5 ml / ¬Ω çay kaşığı öğütülmüş anason

2,5 ml / ¬Ω çay kaşığı susam yağı

10 ml / 2 çay kaşığı şeker

120 ml / 4 fl oz / ¬Ω bardak çorba

kızartmalık yağ

5 ml / 1 çay kaşığı mısır unu (mısır nişastası)

Balıkları soyun ve 5 mm kalınlığında dilimler halinde kesin. Zencefil, sarımsak, taze soğan, 60 ml / 4 yemek kaşığı soya sosu, şeri, anason ve susam yağını karıştırın. Balıkların üzerine dökün ve yavaşça tadına bakın. Ara sıra karıştırarak 2 saat bekletin.

Marinayı bir tencereye boşaltın ve balıkları kağıt havluların üzerine koyun. Şekeri, et suyunu ve kalan soya sosunu ekleyin.

marine edin, kaynatın ve 1 dakika pişirin. Sosun koyulaşması gerekiyorsa mısır nişastasını biraz soğuk suyla karıştırıp sosa ekleyin ve sos koyulaşana kadar karıştırarak pişirin.

Bu arada yağı ısıtın ve japon balığını kızartın. İyice boşaltın. Balık parçalarını marineye batırın ve sıcak bir servis tabağına koyun. Sıcak veya soğuk servis yapın.

pişmiş mantarlar

4 kişi için

12 büyük kapak kurutulmuş mantar

225 gr yengeç eti

3 adet doğranmış su kestanesi

2 genç soğan (yeşil soğan), ince doğranmış

1 yumurta beyazı

15 ml / 1 yemek kaşığı mısır unu (mısır nişastası)

15 ml / 1 yemek kaşığı soya sosu

15 ml / 1 yemek kaşığı pirinç şarabı veya sek şeri

Süngeri gece boyunca ılık suda bekletin. Kuru bir kucaklaşma.
Geri kalan malzemeleri karıştırın ve mantar kapaklarını bunlarla
doldurun. Buhar rafına yerleştirin ve 40 dakika boyunca
buharlayın. Sıcak servis yapın.

İstiridye soslu mantarlar

4 kişi için

10 adet kurutulmuş Çin mantarı

250 ml / 8 fl oz / 1 su bardağı sığır eti suyu

15 ml / 1 yemek kaşığı mısır unu (mısır nişastası)

30 ml / 2 yemek kaşığı istiridye sosu

5 ml / 1 çay kaşığı pirinç şarabı veya sek şeri

Mantarları ılık suda 30 dakika bekletin, ardından 250 ml / 8 fl oz / 1 bardak ıslatma sıvısını ayırarak süzün. Sapları atın. 60 ml / 4 yemek kaşığı sığır suyunu mısır nişastasıyla macun kıvamına gelinceye kadar karıştırın. Sığır çorbasının geri kalanını mantar ve mantar suyuyla kaynatın, üzerini örtün ve 20 dakika pişirin. Delikli bir kaşık kullanarak mantarları sıvının içinden çıkarın ve sıcak bir servis tabağına yerleştirin. İstiridye sosunu ve şeriyi tavaya ekleyin ve karıştırarak 2 dakika pişirin. Mısır nişastası ezmesini ekleyin ve kısık ateşte sos koyulaşana kadar karıştırarak pişirin. Mantarların üzerine dökün ve hemen servis yapın.

Domuz eti ruloları ve salata

4 kişi için

4 kurutulmuş Çin mantarı

15 ml / 1 yemek kaşığı yer fıstığı yağı.

225 gr yağsız domuz eti, kıyılmış

100 gr doğranmış bambu filizi

100 gr doğranmış su kestanesi

4 taze soğan (yeşil soğan), doğranmış

175 gr kuşbaşı yengeç

30 ml / 2 yemek kaşığı pirinç şarabı veya sek şeri

15 ml / 1 yemek kaşığı soya sosu

10 ml / 2 çay kaşığı istiridye sosu

10 ml / 2 çay kaşığı susam yağı

9 Çin yaprağı

Mantarları ılık suda 30 dakika bekletin, sonra süzün. Saplarını çıkarın ve tarakları doğrayın. Yağı ısıtın ve domuz etini 5 dakika kızartın. Mantarları, bambu filizlerini, su kestanelerini, yeşil soğanları ve yengeç etini ekleyip 2 dakika soteleyin. Şarap veya şeri, soya sosu, istiridye sosu ve susam yağını birleştirin ve tavada karıştırın. Ateşten alın. Bu arada Çin yapraklarını kaynar suda 1 dakika haşlayın.

götürmek. Her yaprağın ortasına bir kaşık dolusu domuz eti karışımından koyun, kenarlarını katlayın ve servis için yuvarlayın.

Domuz eti köfte ve kestane

4 kişi için

450 gr kıyılmış domuz eti (kıyılmış).

50 gr ince doğranmış mantar

50 gr ince doğranmış su kestanesi

1 diş sarımsak, ezilmiş

1 çırpılmış yumurta

30 ml / 2 yemek kaşığı soya sosu

15 ml / 1 yemek kaşığı pirinç şarabı veya sek şeri

5 ml / 1 çay kaşığı ince kıyılmış zencefil

5 ml / 1 çay kaşığı şeker

Tuz

30 ml / 2 yemek kaşığı mısır unu (mısır nişastası)

kızartmalık yağ

Mısır nişastası dışındaki tüm malzemeleri karıştırın ve karışıma top şekli verin. Mısır nişastasını yuvarlayın. Yağı ısıtın ve köfteleri altın kahverengi olana kadar yaklaşık 10 dakika kızartın. Servis yapmadan önce iyice süzün.

Domuz Mantısı

4 6 6 kişilik

450 gr / 1 pound un (yani).

500 ml / 17 fl oz / 2 su bardağı su

450 gr haşlanmış domuz eti, kıyılmış

225 gr soyulmuş karides, doğranmış

4 kereviz sapı, doğranmış

15 ml / 1 yemek kaşığı soya sosu

15 ml / 1 yemek kaşığı pirinç şarabı veya sek şeri

15 ml / 1 yemek kaşığı susam yağı

5 ml / 1 çay kaşığı tuz

2 genç soğan (yeşil soğan), ince doğranmış

2 diş sarımsak, kıyılmış

1 dilim zencefil, ince doğranmış

Un ve suyu hamur yumuşayana kadar karıştırıp iyice yoğurun. Örtün ve 10 dakika bekletin. Hamuru mümkün olduğu kadar ince açın ve 5 cm'lik daireler kesin. Diğer tüm malzemeleri karıştırın. Her daireye birer kaşık karışımdan koyup kenarlarını nemlendirip yarım daire şeklinde kapatın. Bir tencerede suyu kaynatın, ardından gnocchi'yi yavaşça suya batırın.

4 kişi için

100 gr kıyma domuz eti (öğütülmüş).

100 gr kıyma (kıyılmış).

1 dilim doğranmış pastırma (doğranmış)

15 ml / 1 yemek kaşığı soya sosu

tuz ve biber

1 çırpılmış yumurta

30 ml / 2 yemek kaşığı mısır unu (mısır nişastası)

kızartmalık yağ

Kıymayı ve pastırmayı karıştırın ve tuz ve karabiberle tatlandırın. Yumurtayla karıştırıp ceviz büyüklüğünde toplar yapın ve üzerine mısır nişastası serpin. Yağı ısıtın ve altın kahverengi olana kadar kızartın. Servis yapmadan önce iyice süzün.

kelebek karides

4 kişi için

450 gr soyulmuş büyük karides

15 ml / 1 yemek kaşığı soya sosu

5 ml / 1 çay kaşığı pirinç şarabı veya sek şeri

5 ml / 1 çay kaşığı ince kıyılmış zencefil

2,5 ml/¬Ω çay kaşığı tuz

2 çırpılmış yumurta

30 ml / 2 yemek kaşığı mısır unu (mısır nişastası)

15 ml / 1 yemek kaşığı un (tüm amaçlar için).

kızartmalık yağ

Karidesleri böbreklerin ortasından kesip kelebek şeklinde dizin.
Soya sosu, şarap veya şeri, zencefil ve tuzu karıştırın.
Karideslerin üzerine dökün ve 30 dakika marine edin. Marineden
çıkarın ve kurulayın. Yumurtayı mısır nişastası ve unla bir hamur
elde edinceye kadar çırpın ve karidesleri bu hamura batırın. Yağı
ısıtın ve karidesleri altın kahverengi olana kadar kızartın. Servis
yapmadan önce iyice süzün.

Çin karidesi

4 kişi için

450 gr soyulmuş karides

30 ml / 2 yemek kaşığı Worcestershire sosu

15 ml / 1 yemek kaşığı soya sosu

15 ml / 1 yemek kaşığı pirinç şarabı veya sek şeri

15 ml / 1 yemek kaşığı esmer şeker

Karidesleri bir kaseye koyun. Diğer malzemeleri karıştırın, karideslerin üzerine dökün ve 30 dakika marine etmeye bırakın. Fırın tepsisine aktarın ve önceden ısıtılmış 150°C / 300°F / termostat 2 sıcaklıkta 25 dakika pişirin. Konukların pişirmesi için istiridye ile sıcak veya soğuk olarak servis yapın.

ejderha bulutu

4 kişi için

100 gr karides krakeri

kızartmalık yağ

Yağı çok sıcak olana kadar ısıtın. Avuç avuç karides krakerlerini ekleyin ve şişene kadar birkaç saniye kızartın. Kurabiyeleri kızartırken yağı çıkarın ve kağıt havluların üzerine boşaltın.

çıtır karides

4 kişi için

450 gr kabuklu kaplan karidesi

15 ml / 1 yemek kaşığı pirinç şarabı veya sek şeri

10 ml / 2 çay kaşığı soya sosu

5 ml / 1 çay kaşığı beş baharat tozu

tuz ve biber

90 ml / 6 yemek kaşığı mısır unu (mısır nişastası)

2 çırpılmış yumurta

100 gr ekmek kırıntısı

kızartmak için fıstık yağı

Karidesin üzerine şarap veya şeri, soya sosu ve beş baharat tozunu dökün ve tuz ve karabiberle tatlandırın. Bunları önce mısır ununa, sonra çırpılmış yumurtaya ve galeta ununa bulayın. Kaynayan yağda altın rengi oluncaya kadar birkaç dakika kızartın, süzün ve hemen servis yapın.

Zencefil soslu karides

4 kişi için

15 ml / 1 yemek kaşığı soya sosu

5 ml / 1 çay kaşığı pirinç şarabı veya sek şeri

5 ml / 1 çay kaşığı susam yağı

450 gr soyulmuş karides

30 ml / 2 yemek kaşığı kıyılmış taze maydanoz

15 ml / 1 yemek kaşığı sirke

5 ml / 1 çay kaşığı ince kıyılmış zencefil

Soya sosu, şarap veya şeri ve susam yağını karıştırın. Karidesin üzerine dökün, üzerini örtün ve 30 dakika marine etmeye bırakın. Karidesleri pişene kadar birkaç dakika ızgaralayın, üzerine marine sosunu sürün. Bu arada karidesle servis etmek için maydanoz, sirke ve zencefili karıştırın.

Karides ve erişte ruloları

4 kişi için

50 gr yumurta ezmesi, parçalar halinde kesilmiş

15 ml / 1 yemek kaşığı yer fıstığı yağı.

50 gr yağsız domuz eti, ince doğranmış

100 gr doğranmış mantar

3 taze soğan (yeşil soğan), doğranmış

100 gr soyulmuş karides, doğranmış

15 ml / 1 yemek kaşığı pirinç şarabı veya sek şeri

tuz ve biber

24 wonton görünümü

1 çırpılmış yumurta

kızartmalık yağ

Erişteleri kaynar suda 5 dakika haşlayıp süzün ve doğrayın. Yağı ısıtın ve domuz etini 4 dakika kızartın. Mantarları ve soğanı ekleyip 2 dakika soteleyin ve ocaktan alın. Karidesleri, şarabı veya şeri ve erişteleri ekleyin ve tuz ve karabiberle tatlandırın. Her wonton kabuğunun ortasına kaşık dolusu karışımdan koyun ve kenarlarını çırpılmış yumurtayla fırçalayın. Kenarlarını katlayın, ardından ambalajları yuvarlayın ve kenarlarını kapatın. Yağı ısıtın ve ruloları tek tek pişirin altın kahverengi olana kadar yaklaşık 5 dakika boyunca birer birer birkaç tane. Servis yapmadan önce emici kağıt üzerine boşaltın.

karides Tost

4 kişi için

2 yumurta, 450 gr kabuklu karides, doğranmış

15 ml / 1 yemek kaşığı mısır unu (mısır nişastası)

1 soğan ince doğranmış

30 ml / 2 yemek kaşığı soya sosu

15 ml / 1 yemek kaşığı pirinç şarabı veya sek şeri

5 ml / 1 çay kaşığı tuz

5 ml / 1 çay kaşığı ince kıyılmış zencefil

8 dilim ekmek, üçgen şeklinde kesilmiş

kızartmalık yağ

1 yumurtayı ekmek ve yağ hariç diğer tüm malzemelerle karıştırın. Karışımı ekmek üçgeninin üzerine dökün ve kubbeye bastırın. Kalan yumurtayı üzerine sürün. Yaklaşık 5 cm yağı ısıtın ve ekmek üçgenlerini altın rengi kahverengi olana kadar kızartın. Servis yapmadan önce iyice süzün.

4 kişi için

120 ml / 4 fl oz / ¬Ω bardak su

60 ml / 4 yemek kaşığı sirke

60 ml / 4 yemek kaşığı esmer şeker

30 ml / 2 yemek kaşığı domates salçası (makarna)

10 ml / 2 çay kaşığı mısır unu (mısır nişastası)

25 gr doğranmış mantar

25 gr soyulmuş karides, doğranmış

50 gr yağsız domuz eti, kıyılmış

2 taze soğan (yeşil soğan), doğranmış

5 ml / 1 çay kaşığı soya sosu

2,5 ml/¬Ω çay kaşığı rendelenmiş zencefil kökü

1 diş sarımsak, ezilmiş

24 wonton görünümü

kızartmalık yağ

Bir tencerede su, sirke, şeker, domates püresi ve mısır nişastasını birleştirin. Sürekli karıştırarak kaynatın ve 1 dakika pişirin. Ateşten alın ve sıcak tutun.

Mantar, karides, domuz eti, yeşil soğan, soya sosu, zencefil ve sarımsağı karıştırın. Her kabuğa bir kaşık dolusu iç malzemeden dökün, kenarlarını suyla kaplayın ve kahverengileşene kadar bastırın. Yağı ısıtın ve birkaç wontonu altın kahverengi olana kadar kızartın. Kağıt havluların üzerine boşaltın ve tatlı ve ekşi sosla sıcak olarak servis yapın.

2 pint / 3½ puan / 8½ bardak için

1,5 kg pişmiş veya çiğ tavuk butları

450 gr domuz budu

1 cm/½ zencefil kökü parçalar halinde

3 taze soğan (yeşil soğan), dilimlenmiş

1 diş sarımsak, ezilmiş

5 ml / 1 çay kaşığı tuz

2,25 litre / 4 pt / 10 bardak su

Tüm malzemeleri kaynatın, kapağını kapatın ve 15 dakika pişirin. Yağları ortadan kaldırın. Kapağını kapatıp kısık ateşte 1 buçuk saat pişirin. Filtreleyin, soğutun ve örtün. Küçük miktarlarda dondurun veya buzdolabında saklayın ve 2 gün içinde kullanın.

Domuz eti ve fasulye filizi çorbası

4 kişi için

450 gr kıyılmış domuz eti

1,5 l / 2½ qt / 6 dl tavuk suyu

5 dilim zencefil kökü

350 gr fasulye filizi

15 ml / 1 yemek kaşığı tuz

Domuz eti kaynar suda 10 dakika haşlanır, sonra süzülür. Çorbayı kaynatın ve domuz eti ve zencefili ekleyin. Kapağını kapatıp kısık ateşte 50 dakika pişirin. Fasulye filizlerini ve tuzu ekleyip 20 dakika pişirin.

Abalone ve mantar çorbası

4 kişi için

60 ml / 4 yemek kaşığı yer fıstığı yağı (yer fıstığı).

Şeritler halinde kesilmiş 100 g yağsız domuz eti

225 g konserve kulak, şeritler halinde kesilmiş

100 gr mantar, dilimler halinde kesilmiş

2 parça kereviz, dilimler halinde kesilmiş

50 gr jambon şeritler halinde kesilmiş

2 soğan, dilimlenmiş

1,5 l / 2½ qt / 6 su bardağı su

30 ml / 2 yemek kaşığı sirke

45 ml / 3 yemek kaşığı soya sosu

2 dilim doğranmış zencefil

tuz ve taze çekilmiş karabiber

15 ml / 1 yemek kaşığı mısır unu (mısır nişastası)

45 ml / 3 yemek kaşığı su

Yağı ısıtın ve domuz eti, deniz kulağı, mantar, kereviz, jambon ve soğanı 8 dakika soteleyin. Su ve sirke ekleyin, kaynatın, kapağını kapatın ve 20 dakika pişirin. Soya sosu, zencefil, tuz ve karabiber ekleyin. Bir macun elde edene kadar mısır nişastasını karıştırın

suyu çorbaya dökün ve çorba berraklaşıp koyulaşana kadar
karıştırarak 5 dakika pişirin.

Tavuk ve kuşkonmaz çorbası

4 kişi için

100 gr tavuk, doğranmış

2 yumurta akı

2,5 ml / ½ çay kaşığı tuz

30 ml / 2 yemek kaşığı mısır unu (mısır nişastası)

225 gr kuşkonmaz, 5 cm'lik parçalar halinde kesilmiş

100 gr fasulye filizi

1,5 l / 2½ qt / 6 dl tavuk suyu

100 gr mantar

Tavuğu yumurta akı, tuz ve mısır nişastasıyla karıştırıp 30 dakika bekletin. Tavuğu kaynar suda yaklaşık 10 dakika pişene kadar pişirin, iyice süzün. Kuşkonmazı kaynar suda 2 dakika haşlayıp süzün. Fasulye filizlerini kaynar suda 3 dakika haşlayıp süzün. Çorbayı geniş bir tavaya dökün ve tavuk, kuşkonmaz, mantar ve fasulye filizlerini ekleyin. Kaynatın ve tuz ekleyin. Tadı geliştirmek için ve sebzeler yumuşak ama yine de gevrek olana kadar birkaç dakika soteleyin.

Et suyu

4 kişi için

225 gr kıyma (kıyma).

15 ml / 1 yemek kaşığı soya sosu

15 ml / 1 yemek kaşığı pirinç şarabı veya sek şeri

15 ml / 1 yemek kaşığı mısır unu (mısır nişastası)

1,2 l / 2 pt / 5 dl tavuk suyu

5 ml / 1 kaşık. biberli fasulye sosu

tuz ve biber

2 çırpılmış yumurta

6 taze soğan (yeşil soğan), doğranmış

Eti soya sosu, şarap veya şeri ve mısır nişastasıyla karıştırın.
Çorbayı ekleyip karıştırarak yavaş yavaş pişirin. Baharatlı
fasulye sosunu ekleyin, tuz ve karabiberle tatlandırın, kapağını
kapatın ve ara sıra karıştırarak yaklaşık 10 dakika pişirin.
Yumurtaları ekleyip üzerine taze soğan serperek servis yapın.

4 kişi için

200 gr yağsız sığır eti, şeritler halinde kesilmiş

15 ml / 1 yemek kaşığı soya sosu

15 ml / 1 yemek kaşığı yer fıstığı yağı.

1,5 l / 2½ qt / 6 dl sığır eti suyu

5 ml / 1 çay kaşığı tuz

2,5 ml / ½ çay kaşığı şeker

½ baş parçalar halinde kesilmiş Çin yaprakları

Eti soya sosu ve yağla karıştırın ve ara sıra karıştırarak 30 dakika marine etmeye bırakın. Çorbayı tuz ve şekerle kaynatın, Çin yapraklarını ekleyin ve neredeyse pişene kadar yaklaşık 10 dakika kısık ateşte pişirin. Eti ekleyin ve 5 dakika daha pişirin.

Lahana çorbası

4 kişi için

60 ml / 4 yemek kaşığı yer fıstığı yağı (yer fıstığı).

2 soğan doğranmış

Şeritler halinde kesilmiş 100 g yağsız domuz eti

225 gr doğranmış Çin lahanası

10 ml / 2 çay kaşığı şeker

1,2 l / 2 pt / 5 dl tavuk suyu

45 ml / 3 yemek kaşığı soya sosu

tuz ve biber

15 ml / 1 yemek kaşığı mısır unu (mısır nişastası)

Yağı ısıtın ve soğanı ve domuz etini altın rengi kahverengi olana kadar soteleyin. Lahana ve şekeri ekleyip 5 dakika pişirin. Et suyu ve soyayı ekleyip tuz ve karabiberle tatlandırın. Kaynatın, örtün ve 20 dakika pişirin. Mısır nişastasını biraz suyla karıştırıp çorbaya ekleyin ve çorba koyulaşıp şeffaflaşana kadar karıştırarak pişirin.

Baharatlı et çorbası

4 kişi için

45 ml / 3 yemek kaşığı yer fıstığı yağı.

1 diş sarımsak, ezilmiş

5 ml / 1 çay kaşığı tuz

225 gr kıyma (kıyma).

6 adet taze soğan (yeşil soğan), şeritler halinde kesilmiş

1 kırmızı biber, şeritler halinde kesilmiş

1 yeşil biber, şeritler halinde kesilmiş

225 gr doğranmış lahana

1 l / 1¾ pt / 4¼ bardak sığır eti suyu

30 ml / 2 yemek kaşığı erik sosu

30 ml / 2 yemek kaşığı kuru üzüm sosu

45 ml / 3 yemek kaşığı soya sosu

2 parça kıyılmış sapsız zencefil

2 yumurta

5 ml / 1 çay kaşığı susam yağı

225 gr ıslatılmış şeffaf erişte

Yağı ısıtın ve sarımsakları ve tuzu altın rengi kahverengi olana kadar soteleyin. Eti ekleyip hızlıca kavurun. Sebzeleri ekleyin ve şeffaflaşana kadar soteleyin. Çorba, erik sosu, kuru üzüm sosu ekleyin, 30 ml/2

kaşık soya sosu ve zencefili kaynatın ve 10 dakika pişirin. Yumurtaları susam yağı ve kalan soya sosuyla çırpın. Et suyunu erişteler ekleyin ve yumurtalar sertleşene ve erişteler yumuşayana kadar karıştırarak pişirin.

cennet çorbası

4 kişi için

2 taze soğan (yeşil soğan), doğranmış

1 diş sarımsak, ezilmiş

30 ml / 2 yemek kaşığı kıyılmış taze maydanoz

5 ml / 1 çay kaşığı tuz

15 ml / 1 yemek kaşığı yer fıstığı yağı.

30 ml / 2 yemek kaşığı soya sosu

1,5 l / 2½ qt / 6 su bardağı su

Taze soğan, sarımsak, maydanoz, tuz, yağ ve soyayı karıştırın. Suyu kaynatın, üzerine frenk soğanı karışımını dökün ve 3 dakika bekletin.

4 kişi için

2 adet tavuk but

30 ml / 2 yemek kaşığı yer fıstığı yağı (yer fıstığı).

5 ml / 1 çay kaşığı pirinç şarabı veya sek şeri

1,5 l / 2½ qt / 6 dl tavuk suyu

3 taze soğan, dilimlenmiş

100 gr bambu filizi, parçalar halinde kesilmiş

5 ml / 1 çay kaşığı ince kıyılmış zencefil

Tuz

Tavuğu kemiklendirin ve eti küpler halinde kesin. Yağı ısıtın ve tavuğu her taraftan altın rengi kahverengi olana kadar kızartın. Et suyunu, yeşil soğanı, bambu filizlerini ve zencefili ekleyin, kaynatın ve tavuk yumuşayana kadar yaklaşık 20 dakika pişirin. Servis yapmadan önce tuz ekleyin.

4 kişi için

1 l / 1¾ pt / 4¼ bardak tavuk suyu

100 gr öğütülmüş tavuk

200 gr mısır kreması

jambonu dilimleyin, doğranmış

omlet

15 ml / 1 yemek kaşığı pirinç şarabı veya sek şeri

Çorbayı ve tavuğu kaynatın, üzerini örtün ve 15 dakika pişirin. Mısır ve jambonu ekleyin, kapağını kapatın ve 5 dakika pişirin. Yumurtaları şeritler halinde oluşturmak için bir çubukla hafifçe karıştırarak yumurtaları ve şeri ekleyin. Ateşten alın, üzerini örtün ve servis yapmadan önce 3 dakika bekletin.

4 kişi için

4 kurutulmuş Çin mantarı

1,5 l / 2½ qt / 6 dl su veya tavuk suyu

225 gr küp şeklinde kesilmiş tavuk eti

10 dilim zencefil

5 ml / 1 çay kaşığı pirinç şarabı veya sek şeri

Tuz

Mantarları ılık suda 30 dakika bekletin, sonra süzün. Sapları atın. Diğer malzemelerle birlikte su veya et suyunu kaynatın ve tavuk pişene kadar yaklaşık 20 dakika pişirin.

Mantarlı Çin usulü tavuk çorbası

4 kişi için

25 gr kuru Çin mantarı

100 gr tavuk, doğranmış

50 gr doğranmış bambu filizi

30 ml / 2 yemek kaşığı soya sosu

30 ml / 2 yemek kaşığı pirinç şarabı veya sek şeri

1,2 l / 2 pt / 5 dl tavuk suyu

Mantarları ılık suda 30 dakika bekletin, sonra süzün. Sapları çıkarın ve üst kısımlarını kesin. Mantarları, tavukları ve bambu filizlerini kaynar suda 30 saniye haşlayıp süzün. Bunları bir kaseye koyun ve soya sosu ile şarap veya şeriyi karıştırın. 1 saat marine edilmeye bırakın. Çorbayı kaynatın, tavuk karışımını ve turşuyu ekleyin. İyice karıştırın ve tavuk pişene kadar birkaç dakika pişirin.

4 kişi için

1 l / 1¾ pt / 4¼ bardak tavuk suyu

225 g / 8 oz / 1 su bardağı pişmiş uzun taneli pirinç

100 gr haşlanmış tavuk, şeritler halinde kesilmiş

1 soğan, dörde bölünmüş

5 ml / 1 çay kaşığı soya sosu

Tüm malzemeleri sıcak olana kadar ısıtın ancak çorba kaynamaz.

4 kişi için

350 gr tavuk göğsü

Tuz

10 ml / 2 çay kaşığı mısır unu (mısır nişastası)

30 ml / 2 yemek kaşığı yer fıstığı yağı (yer fıstığı).

1 yeşil biber, doğranmış

1 l / 1¾ pt / 4¼ bardak hindistan cevizi sütü

5 ml / 1 çay kaşığı limon kabuğu rendesi

12 liçi

bir tutam rendelenmiş hindistan cevizi

tuz ve taze çekilmiş karabiber

2 yaprak kayıt

Tavuk göğsünü parmesandan çapraz olarak şeritler halinde kesin. Tuz serpin ve mısır nişastasıyla kaplayın. 10 ml / 2 çay kaşığı yağı wok tavada ısıtın, çevirin ve dökün. Bir kez daha tekrarlayın. Yağın geri kalanını ısıtın ve tavuğu ve biberi 1 dakika kızartın. Hindistan cevizi sütünü ekleyip kaynamaya bırakın. Limon kabuğu rendesini ekleyip kısık ateşte 5 dakika pişirin. Lychee'yi ekleyin, hindistan cevizi, tuz ve karabiberle tatlandırın ve melisa ile süslenmiş olarak servis yapın.

Midye çorbası

4 kişi için

2 adet kurutulmuş Çin mantarı

12 istiridye, ıslatılmış ve temizlenmiş

1,5 l / 2½ qt / 6 dl tavuk suyu

50 gr doğranmış bambu filizi

50 gr bezelye, ikiye bölünmüş

2 taze soğan (yeşil soğan), dilimlenmiş

15 ml / 1 yemek kaşığı pirinç şarabı veya sek şeri

bir tutam taze çekilmiş biber

Mantarları ılık suda 30 dakika bekletin, sonra süzün. Sapları çıkarın ve kafaları ikiye bölün. İstiridyeleri açılıncaya kadar yaklaşık 5 dakika buharda pişirin; kapalı kalan her şeyi atın. İstiridyeleri kabuklarından çıkarın. Çorbayı kaynatıp mantarları, bambu filizlerini, bezelyeyi ve taze soğanı ekleyin. 2 dakika kadar ağzı açık pişirin. Midye, şarap veya şeri ve karabiberi ekleyin ve iyice ısınana kadar pişirin.

4 kişi için

1,2 l / 2 pt / 5 dl tavuk suyu

3 çırpılmış yumurta

45 ml / 3 yemek kaşığı soya sosu

tuz ve taze çekilmiş karabiber

4 taze soğan (yeşil soğan), dilimlenmiş

Çorbayı kaynatın. Çırpılmış yumurtaları azar azar ekleyerek tellere ayrılacak şekilde karıştırın. Soya sosunu ekleyip tuz ve karabiberle tatlandırın. Frenk soğanı ile süsleyerek servis yapın.

Yengeç ve tarak çorbası

4 kişi için

4 kurutulmuş Çin mantarı

15 ml / 1 yemek kaşığı yer fıstığı yağı.

1 çırpılmış yumurta

1,5 l / 2½ qt / 6 dl tavuk suyu

175 gr kuşbaşı yengeç

100 gr temizlenmiş deniz tarağı, dilimler halinde kesilmiş

100 gr bambu filizi, dilimlenmiş

2 taze soğan (yeşil soğan), doğranmış

1 dilim zencefil, ince doğranmış

biraz haşlanmış ve soyulmuş karides (isteğe bağlı)

45 ml / 3 yemek kaşığı mısır unu (mısır nişastası)

90 ml / 6 yemek kaşığı su

30 ml / 2 yemek kaşığı pirinç şarabı veya sek şeri

20 ml / 4 çay kaşığı soya sosu

2 yumurta akı

Mantarları ılık suda 30 dakika bekletin, sonra süzün. Saplarını çıkarın ve üst kısımlarını ince dilimler halinde kesin. Yağı ısıtın, yumurtayı ekleyin ve tavayı yumurtanın altını kaplayacak şekilde eğin. Aşçı süzün, çevirin ve diğer tarafını pişirin. Tavadan alıp yuvarlayın ve ince şeritler halinde kesin.

Çorbayı kaynatın, mantarları, yumurta şeritlerini, yengeç etini, deniz tarağını, bambu filizlerini, yeşil soğanı, zencefili ve istenirse karidesi ekleyin. Tekrar kaynatın. Mısır nişastasını 60 ml / 4 yemek kaşığı su, şarap veya şeri ve soya ile karıştırıp çorbaya karıştırın. Çorba koyulaşıncaya kadar karıştırarak kısık ateşte pişirin. Yumurta aklarını kalan suyla sertleşene kadar çırpın, ardından karışımı hızla karıştırarak yavaş yavaş çorbaya dökün.

4 kişi için

90 ml / 6 yemek kaşığı yer fıstığı yağı.

3 soğan doğranmış

225 gr beyaz ve kahverengi yengeç eti

1 dilim zencefil, ince doğranmış

1,2 l / 2 pt / 5 dl tavuk suyu

150 ml / ¼ pt / bardak pirinç şarabı veya sek şeri

45 ml / 3 yemek kaşığı soya sosu

tuz ve taze çekilmiş karabiber

Yağı ısıtın ve soğanı yumuşak fakat kahverengi olmayana kadar soteleyin. Yengeç eti ve zencefili ekleyip 5 dakika pişirin. Et suyu, şarap veya şeri ve soya sosu, tuz ve karabiber ekleyin. Kaynatın ve 5 dakika pişirin.

balık çorbası

4 kişi için

225 gr balık filetosu

1 dilim zencefil, ince doğranmış

15 ml / 1 yemek kaşığı pirinç şarabı veya sek şeri

30 ml / 2 yemek kaşığı yer fıstığı yağı (yer fıstığı).

1,5 l / 2½ pt / 6 dl balık suyu

Balıkları damarlara karşı ince şeritler halinde kesin. Zencefil, şarap veya şeri ve yağı karıştırın, balığı ekleyin ve yavaşça karıştırın. Ara sıra karıştırarak 30 dakika marine etmeye bırakın. Çorbayı kaynatın, balığı ekleyin ve 3 dakika pişirin.

4 kişi için

225 gr beyaz balık filetosu

30 ml / 2 yemek kaşığı un (tüm amaçlar için).

tuz ve taze çekilmiş karabiber

90 ml / 6 yemek kaşığı yer fıstığı yağı.

6 taze soğan (yeşil soğan), dilimlenmiş

100 gr doğranmış marul

1,2 l / 2 pt / 5 bardak su

10 ml / 2 çay kaşığı ince kıyılmış zencefil kökü

150 ml / ¼ pt / ½ büyük bardak pirinç şarabı veya sek şeri

30 ml / 2 yemek kaşığı mısır unu (mısır nişastası)

30 ml / 2 yemek kaşığı kıyılmış taze maydanoz

10 ml / 2 çay kaşığı limon suyu

30 ml / 2 yemek kaşığı soya sosu

Balıkları ince şeritler halinde kesin ve baharatlı una bulayın. Yağı ısıtın ve soğanları yumuşayana kadar soteleyin. Salatayı ekleyip 2 dakika soteleyin. Balıkları ekleyip 4 dakika pişirin. Su, zencefil ve şarap veya şeri ekleyin, kaynatın, üzerini örtün ve 5 dakika pişirin. Nişastayı biraz suyla karıştırıp çorbaya ekleyin.

Çorba koyulaşıncaya kadar 4 dakika daha karıştırarak kısık ateşte pişirin.

176

durulayın ve tuz ve karabiberle tatlandırın. Maydanoz, limon suyu ve soya serperek servis yapın.

Köfte ile zencefil çorbası

4 kişi için

5 cm/2 adet rendelenmiş zencefil

350 gr esmer şeker

1,5 L / 2½ qt / 7 su bardağı su

225 g / 8 oz / 2 su bardağı pirinç unu

2,5 ml / ½ çay kaşığı tuz

60 ml / 4 yemek kaşığı su

Zencefil, şeker ve suyu bir tencereye koyun ve karıştırarak kaynatın. Kapağını kapatıp yaklaşık 20 dakika pişirin. Çorbayı süzüp tekrar tencereye alın.

Bu arada un ve tuzu bir kaseye koyun ve azar azar yeterli su ile karıştırarak koyu bir karışım elde edin. Toplar oluşturun ve gnocchi'yi çorbaya dökün. Çorbayı tekrar kaynatın, kapağını kapatın ve gnocchi pişene kadar 6 dakika daha pişirin.

4 kişi için

8 kurutulmuş Çin mantarı

1 l / 1¾ pt / 4¼ bardak tavuk suyu

100 gr tavuk, şeritler halinde kesilmiş

100 gr bambu filizi, şeritler halinde kesilmiş

100 gr tofu, şeritler halinde kesilmiş

15 ml / 1 yemek kaşığı soya sosu

30 ml / 2 yemek kaşığı sirke

30 ml / 2 yemek kaşığı mısır unu (mısır nişastası)

2 çırpılmış yumurta

birkaç damla susam yağı

Mantarları ılık suda 30 dakika bekletin, sonra süzün. Sapları çıkarın ve kapakları şeritler halinde kesin. Mantarları, çorbayı, tavuğu, bambu filizlerini ve tofuyu kaynatın, üzerini örtün ve 10 dakika pişirin. Soya sosu, sirke ve mısır nişastasını pürüzsüz hale gelinceye kadar karıştırıp çorbaya ekleyin ve çorba pişene kadar 2 dakika pişirin. Bir çubukla karıştırarak yavaş yavaş yumurta ve susam yağını ekleyin. Servis yapmadan önce üzerini örtün ve 2 dakika bekletin.

4 kişi için

15 kurutulmuş Çin mantarı

1,5 l / 2½ qt / 6 dl tavuk suyu

5 ml / 1 çay kaşığı tuz

Mantarları ılık suda 30 dakika bekletin, ardından süzün ve sıvıyı bırakın. Saplarını çıkarın ve büyükse üst kısımlarını ikiye bölün ve büyük, ısıya dayanıklı bir kaseye yerleştirin. Yemeği buharlı pişiricinin rafına yerleştirin. Çorbayı kaynatın, mantarların üzerine dökün, üzerini örtün ve kaynar suda 1 saat pişirin. Tuzla tatlandırıp servis yapın.

Mantar ve lahana çorbası

4 kişi için

25 gr kuru Çin mantarı

15 ml / 1 yemek kaşığı yer fıstığı yağı.

50 g / 2 oz öğütülmüş Çin yaprağı

15 ml / 1 yemek kaşığı pirinç şarabı veya sek şeri

15 ml / 1 yemek kaşığı soya sosu

1,2 l / 2 puan / 5 dl tavuk veya sebze suyu

tuz ve taze çekilmiş karabiber

5 ml / 1 çay kaşığı susam yağı

Mantarları ılık suda 30 dakika bekletin, sonra süzün. Sapları çıkarın ve üst kısımlarını kesin. Yağı ısıtın ve mantarları ve Çin yapraklarını iyice kaplanana kadar 2 dakika kızartın. Şarap veya şeri ve soya sosuyla cilalayın, ardından çorbayı ekleyin. Kaynatın, tuz ve karabiber ekleyin ve 5 dakika pişirin. Servis yapmadan önce susam yağı gezdirin.

4 kişi için

1 l / 1¾ pt / 4¼ bardak tavuk suyu

30 ml / 2 yemek kaşığı mısır unu (mısır nişastası)

100 gr mantar, dilimler halinde kesilmiş

1 dilim soğan, ince doğranmış

bir tutam tuz

3 damla susam yağı

2,5 ml / ½ çay kaşığı soya sosu

1 çırpılmış yumurta

Çorbayı mısır nişastasıyla karıştırın ve yumurta dışındaki tüm malzemeleri karıştırın. Kaynatın, örtün ve 5 dakika pişirin. Yumurtanın uçlarını oluşturacak şekilde bir çubukla karıştırarak yumurtayı ekleyin. Ateşten alın ve servis yapmadan önce 2 dakika bekletin.

4 kişi için

1 l / 1¾ pt / 4¼ bardak sebze suyu veya su

2 soğan ince doğranmış

5 ml / 1 çay kaşığı pirinç şarabı veya sek şeri

30 ml / 2 yemek kaşığı soya sosu

225 gr mantar

100 gr su kestanesi, dilimler halinde kesilmiş

100 gr bambu filizi, dilimlenmiş

birkaç damla susam yağı

2 marul yaprağını parçalara ayırın

2 taze soğan (yeşil soğan), doğranmış

Su, soğan, şarap veya şeri ve soya sosunu kaynatın, üzerini örtün ve 10 dakika pişirin. Mantarları, kestaneleri ve bambu filizlerini ekleyin, kapağını kapatın ve 5 dakika pişirin. Susam yağı, marul yaprakları ve taze soğanı ekleyip ocaktan alın, kapağını kapatın ve servis yapmadan önce 1 dakika bekletin.

Domuz eti ve mantar çorbası

4 kişi için

60 ml / 4 yemek kaşığı yer fıstığı yağı (yer fıstığı).

1 diş sarımsak, ezilmiş

2 soğan, dilimlenmiş

Şeritler halinde kesilmiş 225 g yağsız domuz eti

1 kereviz sapı, doğranmış

50 gr dilimlenmiş mantar

2 havuç, dilimlenmiş

1,2 l / 2 pt / 5 dl sığır eti suyu

15 ml / 1 yemek kaşığı soya sosu

tuz ve taze çekilmiş karabiber

15 ml / 1 yemek kaşığı mısır unu (mısır nişastası)

Yağı ısıtın ve sarımsak, soğan ve domuz etini, soğan yumuşak ve hafifçe kızarana kadar soteleyin. Kereviz, mantar ve havuç ekleyin, kapağını kapatın ve 10 dakika pişirin. Çorbayı kaynatın, ardından soya soslu tavaya ekleyin ve tuz ve karabiberle tatlandırın. Mısır nişastasını biraz suyla karıştırın, ardından tavaya dökün ve karıştırarak yaklaşık 5 dakika pişirin.

4 kişi için

1,5 l / 2½ qt / 6 dl tavuk suyu

Şeritler halinde kesilmiş 100 g yağsız domuz eti

3 kereviz sapı çapraz kesilmiş

2 taze soğan (yeşil soğan), dilimlenmiş

1 demet su teresi

5 ml / 1 çay kaşığı tuz

Çorbayı kaynatın, domuz eti ve kerevizi ekleyin, üzerini örtün ve 15 dakika pişirin. Taze soğanı, su teresini ve tuzu ekleyin ve kapağı açık olarak yaklaşık 4 dakika pişirin.

4 kişi için

100 gr yağsız domuz eti, ince dilimlenmiş

5 ml / 1 çay kaşığı mısır unu (mısır nişastası)

15 ml / 1 yemek kaşığı soya sosu

15 ml / 1 yemek kaşığı pirinç şarabı veya sek şeri

1 salatalık

1,5 l / 2½ qt / 6 dl tavuk suyu

5 ml / 1 çay kaşığı tuz

Domuz eti, mısır nişastası, soya sosu ve şarap veya şeriyi karıştırın. Domuzu kaplamak için karıştırın. Salatalığı soyup uzunlamasına ikiye bölün ve çekirdeklerini çıkarın. Daha kalın dilimler halinde kesin. Çorbayı kaynatın, domuz etini ekleyin, üzerini örtün ve 10 dakika pişirin. Salatalığı ekleyin ve yarı saydam olana kadar birkaç dakika soteleyin. Tuz ekleyin ve isterseniz biraz daha soya ekleyin.

Etli erişte çorbası

4 kişi için

50 gr pirinç erіştesi

225 gr kıyma domuz eti (öğütülmüş).

5 ml / 1 çay kaşığı mısır unu (mısır nişastası)

2,5 ml / ½ çay kaşığı tuz

30 ml / 2 yemek kaşığı su

1,5 l / 2½ qt / 6 dl tavuk suyu

1 taze soğan (yeşil soğan), ince doğranmış

5 ml / 1 çay kaşığı soya sosu

Köfteleri hazırlarken erişteleri soğuk suda bekletin. Domuz eti, mısır nişastası, biraz tuz ve suyu karıştırıp ceviz büyüklüğünde toplar yapın. Suyu kaynatın, kıyılmış domuz toplarını ekleyin, üzerini örtün ve 5 dakika pişirin. İyice süzüp erişteleri süzün. Çorbayı kaynatın, domuz köftelerini ve erişteleri ekleyin, üzerini örtün ve 5 dakika pişirin. Taze soğanı, soya sosunu ve kalan tuzu ekleyip 2 dakika daha soteleyin.

4 kişi için

1,2 l / 2 pt / 5 dl tavuk suyu

200 gr konserve domates, suyu süzülmüş ve doğranmış

225 gr doğranmış tofu

225 gr doğranmış ıspanak

30 ml / 2 yemek kaşığı soya sosu

5 ml / 1 kaşık. esmer şeker

tuz ve taze çekilmiş karabiber

Çorbayı kaynatın, ardından domatesleri, tofuyu ve ıspanağı ekleyip yavaşça karıştırın. Tekrar kaynatın ve 5 dakika pişirin. Soya ve şekeri ekleyip tuz ve karabiberle tatlandırın. Servis yapmadan önce 1 dakika kadar kaynamaya bırakın.

Tatlı mısır ve yengeç çorbası

4 kişi için

1,2 l / 2 pt / 5 dl tavuk suyu

200 gr tatlı mısır

tuz ve taze çekilmiş karabiber

1 çırpılmış yumurta

200 gr yengeç eti, şeritler halinde

3 arpacık soğan, doğranmış

Çorbayı kaynatın, mısırı ekleyin ve tuz ve karabiberle tatlandırın. 5 dakika kısık ateşte pişirin. Servis yapmadan hemen önce yumurtaları çatalla kırıp çorbaya karıştırın. Yengeç eti ve doğranmış arpacık soğanı serperek servis yapın.

Szechuan çorbası

4 kişi için

4 kurutulmuş Çin mantarı

1,5 l / 2½ qt / 6 dl tavuk suyu

75 ml / 5 yemek kaşığı sek beyaz şarap

15 ml / 1 yemek kaşığı soya sosu

2,5 ml / ½ çay kaşığı acı sos

30 ml / 2 yemek kaşığı mısır unu (mısır nişastası)

60 ml / 4 yemek kaşığı su

Şeritler halinde kesilmiş 100 g yağsız domuz eti

Şeritler halinde kesilmiş 50 gr pişmiş jambon

1 kırmızı biber, şeritler halinde kesilmiş

50 gr su kestanesi, dilimler halinde kesilmiş

10 ml / 2 çay kaşığı sirke

5 ml / 1 çay kaşığı susam yağı

1 çırpılmış yumurta

100 gr soyulmuş karides

6 taze soğan (yeşil soğan), doğranmış

175 gr tofu, küp şeklinde kesilmiş

Mantarları ılık suda 30 dakika bekletin, sonra süzün. Sapları çıkarın ve üst kısımlarını kesin. Çorba, şarap ve soya getir sos ve kırmızı biber sosunu kaynatın, üzerini örtün ve 5 dakika pişirin. Mısır nişastasını suyun yarısıyla karıştırıp çorbaya ekleyin ve koyulaşana kadar karıştırın. Mantar, domuz eti, jambon, biber ve kestaneleri ekleyip 5 dakika pişirin. Sirke ve susam yağını karıştırın. Yumurtayı kalan suyla çırpın ve kuvvetlice karıştırarak çorbaya dökün. Karidesleri, yeşil soğanları ve tofuyu ekleyin ve ısınması için birkaç dakika soteleyin.

4 kişi için

1,5 l / 2½ qt / 6 dl tavuk suyu

225 gr doğranmış tofu

5 ml / 1 çay kaşığı tuz

5 ml / 1 çay kaşığı soya sosu

Çorbayı kaynatın ve tofu, tuz ve soya sosunu ekleyin. Tofu iyice ısınana kadar birkaç dakika pişirin.

Balık ve tofu çorbası

4 kişi için

225 gr beyaz balık filetosu, şeritler halinde kesilmiş
150 ml / ¼ pt / ½ büyük bardak pirinç şarabı veya sek şeri
10 ml / 2 çay kaşığı ince kıyılmış zencefil kökü
45 ml / 3 yemek kaşığı soya sosu
2,5 ml / ½ çay kaşığı tuz
60 ml / 4 yemek kaşığı yer fıstığı yağı (yer fıstığı).
2 soğan doğranmış
100 gr mantar, dilimler halinde kesilmiş
1,2 l / 2 pt / 5 dl tavuk suyu
100 gr tofu, küp şeklinde kesilmiş
tuz ve taze çekilmiş karabiber

Balıkları bir kaseye koyun. Şarap veya şeri, zencefil, soya ve tuzu karıştırıp balığın üzerine dökün. 30 dakika marine etmeye bırakın. Yağı ısıtın ve soğanı 2 dakika soteleyin. Mantarları ekleyin ve soğanlar yumuşayıp kahverengileşmeyene kadar sotelemeye devam edin. Balıkları ve turşuyu ekleyin, kaynatın, üzerini örtün ve 5 dakika pişirin. Çorbayı ekleyin, kaynatın, kapağını kapatın ve 15 dakika pişirin. Tofu ekleyin ve tuz ve karabiberle tatlandırın. Tofu pişene kadar pişirin.

Domates çorbası

4 kişi için

400 gr konserve domates, suyu süzülmüş ve doğranmış

1,2 l / 2 pt / 5 dl tavuk suyu

1 dilim zencefil, ince doğranmış

15 ml / 1 yemek kaşığı soya sosu

15 ml / 1 yemek kaşığı biber sosu

10 ml / 2 çay kaşığı şeker

Tüm malzemeleri tencereye alıp ara ara karıştırarak kaynatın. Servis yapmadan önce yaklaşık 10 dakika pişirin.

4 kişi için

1,2 l / 2 pt / 5 dl tavuk suyu

225 gr konserve konserve domates

225 gr doğranmış tofu

225 gr ıspanak

30 ml / 2 yemek kaşığı soya sosu

tuz ve taze çekilmiş karabiber

2,5 ml / ½ çay kaşığı şeker

2,5 ml / ½ çay kaşığı pirinç şarabı veya sek şeri

Çorbayı kaynatın, ardından domatesleri, soya peyniri ve ıspanağı ekleyip 2 dakika pişirin. Diğer malzemeleri de ekleyip 2 dakika kadar kaynattıktan sonra iyice karıştırıp servis yapın.

4 kişi için

1 l / 1¾ pt / 4¼ bardak tavuk suyu

1 büyük şalgam, ince dilimlenmiş

200 gr yağsız domuz eti, ince dilimlenmiş

15 ml / 1 yemek kaşığı soya sosu

60 ml / 4 yemek kaşığı konyak

tuz ve taze çekilmiş karabiber

4 arpacık soğan, ince doğranmış

Çorbayı kaynatın, şalgamı ve domuz etini ekleyin, kapağını kapatın ve şalgam yumuşayana ve et pişene kadar 20 dakika pişirin. Tadına göre soya sosu ve brendi baharatını karıştırın. Tamamen ısınana kadar pişirin ve üzerine arpacık soğan serperek servis yapın.

4 kişi için

6 adet kurutulmuş Çin mantarı

1 l / 1¾ pt / 4¼ bardak sebze suyu

50 gr bambu filizi, şeritler halinde kesilmiş

50 gr su kestanesi, dilimler halinde kesilmiş

8 bezelye dilimler halinde kesilmiş

5 ml / 1 çay kaşığı soya sosu

Mantarları ılık suda 30 dakika bekletin, sonra süzün. Sapları çıkarın ve kapakları şeritler halinde kesin. Bambu filizleri ve kestanelerin olduğu et suyuna ekleyip kaynatın, üzerini örtün ve 10 dakika pişirin. Bezelye ve soya sosunu ekleyin, kapağını kapatın ve 2 dakika pişirin. Servis yapmadan önce 2 dakika bekletin.

4 kişi için

¼ lahana

2 havuç

3 sap kereviz

2 adet taze soğan (soğan)

30 ml / 2 yemek kaşığı yer fıstığı yağı (yer fıstığı).

1,5 l / 2½ qt / 6 su bardağı su

15 ml / 1 yemek kaşığı soya sosu

15 ml / 1 yemek kaşığı pirinç şarabı veya sek şeri

5 ml / 1 çay kaşığı tuz

taze kara biber

Sebzeleri şeritler halinde kesin. Yağı ısıtın ve sebzeleri yumuşayana kadar 2 dakika kızartın. Diğer malzemeleri ekleyin, kaynatın, kapağını kapatın ve 15 dakika pişirin.

Su teresi çorbası

4 kişi için

1 l / 1¾ pt / 4¼ bardak tavuk suyu

1 soğan ince doğranmış

1 kereviz sapı, ince doğranmış

225 gr iri kıyılmış su teresi

tuz ve taze çekilmiş karabiber

Çorbayı, soğanı ve kerevizi kaynatın, kapağını kapatın ve 15 dakika pişirin. Su teresini ekleyin, kapağını kapatın ve 5 dakika pişirin. Tuz ve karabiber ekleyin.

Sebzeli kızarmış balık

4 kişi için

4 kurutulmuş Çin mantarı

4 adet bütün balık, temizlenmiş ve pulsuz

kızartmalık yağ

30 ml / 2 yemek kaşığı mısır unu (mısır nişastası)

45 ml / 3 yemek kaşığı yer fıstığı yağı.

100 gr bambu filizi, şeritler halinde kesilmiş

Şeritler halinde kesilmiş 50 gr su kestanesi

50 gr doğranmış Çin lahanası

2 dilim doğranmış zencefil

30 ml / 2 yemek kaşığı pirinç şarabı veya sek şeri

30 ml / 2 yemek kaşığı su

15 ml / 1 yemek kaşığı soya sosu

5 ml / 1 çay kaşığı şeker

120 ml / 4 fl oz / ¬Ω bardak balık suyu

tuz ve taze çekilmiş karabiber

¬Ω marul başı, rendelenmiş

15 ml / 1 yemek kaşığı kıyılmış maydanoz yaprağı

Mantarları ılık suda 30 dakika bekletin, sonra süzün. Sapları çıkarın ve üst kısımlarını kesin. Balıkları ortalarına serpin mısır unu ve fazlasını silkeleyin. Yağı ısıtın ve balıkları pişene kadar yaklaşık 12 dakika kızartın. Emici kağıt üzerine boşaltın ve sıcak tutun.

Yağı ısıtın ve mantarları, bambu filizlerini, su kestanelerini ve beyaz lahanayı 3 dakika kızartın. Zencefil, şarap veya şeri, 15 ml / 1 yemek kaşığı su, soya ve şekeri ekleyip 1 dakika pişirin. Et suyunu, tuzu ve karabiberi ekleyin, kaynatın, kapağını kapatın ve 3 dakika pişirin. Mısır nişastasını kalan suyla karıştırın, tavaya dökün ve sos koyulaşıncaya kadar karıştırarak pişirin. Salatayı servis tabağına alıp üzerine balıkları dizin. Üzerine sebzeleri ve sosu döküp maydanozla süsleyerek servis yapın.

Bütün balık pişmiş

4 kişi için

1 adet büyük levrek veya benzeri balık

45 ml / 3 yemek kaşığı mısır unu (mısır nişastası)

45 ml / 3 yemek kaşığı yer fıstığı yağı.

1 doğranmış soğan

2 diş sarımsak, kıyılmış

50 gr jambon şeritler halinde kesilmiş

100 gr soyulmuş karides

15 ml / 1 yemek kaşığı soya sosu

15 ml / 1 yemek kaşığı pirinç şarabı veya sek şeri

5 ml / 1 çay kaşığı şeker

5 ml / 1 çay kaşığı tuz

Balıkları mısır nişastasıyla kaplayın. Yağı ısıtın ve soğanı ve sarımsağı altın kahverengi olana kadar soteleyin. Balıkları ekleyin ve her iki tarafı da altın rengi oluncaya kadar kızartın. Balıkları bir alüminyum folyo tabakasının üzerine bir fırın tepsisine yerleştirin ve üzerine jambon ve karidesleri yerleştirin. Soya sosu, şarap veya şeri, şeker ve tuzu tencereye ekleyin ve iyice karıştırın. Balığın üzerine dökün, folyoyu kapatın ve

önceden ısıtılmış 150 ¬∞C / 300 ¬∞F / termostat 2 fırında 20
dakika pişirin.

Haşlanmış soya balığı

4 kişi için

1 adet büyük levrek veya benzeri balık

Tuz

50 g / 2 oz / ¬Ω bardak çok amaçlı un.

60 ml / 4 yemek kaşığı yer fıstığı yağı (yer fıstığı).

3 dilim doğranmış zencefil kökü

3 taze soğan (yeşil soğan), doğranmış

250 ml / 8 sıvı ons / 1 su bardağı su

45 ml / 3 yemek kaşığı soya sosu

15 ml / 1 yemek kaşığı pirinç şarabı veya sek şeri

2,5 ml/¬Ω çay kaşığı şeker

Balıkları pullardan temizleyin ve her iki taraftan çapraz kesimler
yapın. Tuz serpin ve 10 dakika bekletin. Yağı ısıtın ve balıkları
her iki tarafı da altın rengi olana kadar kızartın, bir kez çevirin ve
pişerken üzerine yağ sürün. Zencefil, taze soğan, su, soya sosu,
şarap veya şeri ve şekeri ekleyin, kaynatın, kapağını kapatın ve

balık pişene kadar 20 dakika pişirin. Sıcak veya soğuk servis yapın.

İstiridye soslu soya balığı

4 kişi için

1 adet büyük levrek veya benzeri balık

Tuz

60 ml / 4 yemek kaşığı yer fıstığı yağı (yer fıstığı).

3 taze soğan (yeşil soğan), doğranmış

2 dilim doğranmış zencefil

1 diş sarımsak, ezilmiş

45 ml / 3 yemek kaşığı istiridye sosu

30 ml / 2 yemek kaşığı soya sosu

5 ml / 1 çay kaşığı şeker

250 ml / 8 fl oz / 1 su bardağı balık suyu

Balıkları temizleyin, pullarını soyun ve her iki tarafını çapraz olarak birkaç kez işaretleyin. Tuz serpin ve 10 dakika bekletin. Yağın çoğunu ısıtın ve japon balığını her iki taraftan da bir kez çevirerek kızartın. Bu sırada yağın geri kalanını ayrı bir tavada ısıtın ve taze soğanı, zencefili ve sarımsağı altın rengine gelinceye kadar soteleyin. İstiridye sosu, soya ve şekeri ekleyip 1 dakika pişirin. Et suyunu ekleyip kaynamaya bırakın. Karışımı çipuranın içine dökün, kaynatın, üzerini örtün ve yakl.

Balık pişene kadar 15 dakika, pişirme sırasında bir veya iki kez çevirin.

4 kişi için

1 adet büyük levrek veya benzeri balık

2,25 lt / 4 adet / 10 bardak su

3 dilim doğranmış zencefil kökü

15 ml / 1 yemek kaşığı tuz

15 ml / 1 yemek kaşığı pirinç şarabı veya sek şeri

30 ml / 2 yemek kaşığı yer fıstığı yağı (yer fıstığı).

Balıkları temizleyin, pullarını çıkarın ve her iki tarafta birkaç çapraz kesim yapın. Geniş bir tencerede suyu kaynatın ve geri kalan malzemeleri ekleyin. Balıkları suya batırın, kapağını sıkıca kapatın, ateşi kapatın ve balıklar pişene kadar 30 dakika bekletin.

Mantarlı haşlanmış balık

4 kişi için

4 kurutulmuş Çin mantarı

1 büyük sazan veya benzeri balık

Tuz

45 ml / 3 yemek kaşığı yer fıstığı yağı.

2 taze soğan (yeşil soğan), doğranmış

1 dilim zencefil, ince doğranmış

3 diş sarımsak, kıyılmış

100 gr bambu filizi, şeritler halinde kesilmiş

250 ml / 8 fl oz / 1 su bardağı balık suyu

30 ml / 2 yemek kaşığı soya sosu

15 ml / 1 yemek kaşığı pirinç şarabı veya sek şeri

2,5 ml/¬Ω çay kaşığı şeker

Mantarları ılık suda 30 dakika bekletin, sonra süzün. Sapları çıkarın ve üst kısımlarını kesin. Balıkları her iki taraftan çapraz olarak birkaç kez kesin, üzerine tuz serpin ve 10 dakika bekletin. Yağı ısıtın ve Japon balıklarını her iki taraftan kızartın. Taze soğanı, zencefili ve sarımsağı ekleyip 2 dakika soteleyin. Diğer malzemeleri ekleyin, kaynatın, kapağını kapatın ve balıklar iyice pişene kadar, bir veya iki kez çevirerek, ara sıra karıştırarak 15 dakika pişirin.

tatlı ve ekşi balık

4 kişi için

1 adet büyük levrek veya benzeri balık

1 çırpılmış yumurta

50 gr mısır unu (mısır nişastası)

kızartmalık yağ

Sosu için:

15 ml / 1 yemek kaşığı yer fıstığı yağı.

1 yeşil biber, şeritler halinde kesilmiş

Şuruplu 100 gr konserve ananas

1 soğan, dörde bölünmüş

100 g / 4 oz / ¬Ω fincan esmer şeker

60 ml / 4 yemek kaşığı tavuk suyu

60 ml / 4 yemek kaşığı sirke

15 ml / 1 yemek kaşığı domates salçası (makarna)

15 ml / 1 yemek kaşığı mısır unu (mısır nişastası)

15 ml / 1 yemek kaşığı soya sosu

3 taze soğan (yeşil soğan), doğranmış

Balıkları temizleyin ve istenirse yüzgeçleri ve kafayı çıkarın. Çırpılmış yumurtaya ve ardından mısır nişastasına karıştırın. Yağı ısıtın ve balıklar pişene kadar kızartın. İyice süzün ve sıcak tutun.

Sos için yağı ısıtıp biberleri, süzülmüş ananasları ve soğanı 4 dakika soteleyin. 30 ml / 2 yemek kaşığı ananas şurubu, şeker, et suyu, sirke, domates püresi, mısır nişastası ve soya sosunu ekleyip karıştırarak kaynatın. Sos berraklaşıp koyulaşana kadar karıştırarak kısık ateşte pişirin. Balıkların üzerine dökün ve üzerine taze soğan serperek servis yapın.

Doldurulmuş domuz balığı

4 kişi için

1 büyük sazan veya benzeri balık

Tuz

100 gr kıyma domuz eti (öğütülmüş).

1 taze soğan (yeşil soğan), doğranmış

4 dilim doğranmış zencefil kökü

15 ml / 1 yemek kaşığı mısır unu (mısır nişastası)

60 ml / 4 yemek kaşığı soya sosu

15 ml / 1 yemek kaşığı pirinç şarabı veya sek şeri

5 ml / 1 çay kaşığı şeker

75 ml / 5 yemek kaşığı yer fıstığı yağı.

2 diş sarımsak, kıyılmış

1 soğan, dilimlenmiş

300 ml / ¬Ω pt / 1¬° bardak su

Balıkları pullardan temizleyin ve üzerine tuz serpin. Domuz eti, yeşil soğan, biraz zencefil, mısır nişastası, 15 ml/1 yemek kaşığı soya sosu, şarap veya şeri ve şekeri karıştırın ve balıkları doldurmak için kullanın. Yağı ısıtın ve balıkları her iki tarafı da altın rengi olana kadar kızartın, ardından tavadan çıkarın ve yağın çoğunu boşaltın. Geri kalan sarımsak ve zencefili ekleyin ve altın kahverengi olana kadar soteleyin.

212

Geri kalan soya sosunu ve suyu ekleyin, kaynatın ve 2 dakika pişirin. Balıkları tekrar tavaya alın, üzerini örtün ve balıklar pişene kadar yaklaşık 30 dakika, bir veya iki kez çevirerek pişirin.

Kızarmış baharatlı sazan

4 kişi için

1 büyük sazan veya benzeri balık

150 ml / ¬° pt / büyük bardak ¬Ω fıstık yağı.

15 ml / 1 yemek kaşığı şeker

2 diş sarımsak, ince doğranmış

100 gr bambu filizi, dilimlenmiş

150 ml / ¬° pt / iyi ¬Ω bardak balık suyu

15 ml / 1 yemek kaşığı pirinç şarabı veya sek şeri

15 ml / 1 yemek kaşığı soya sosu

2 taze soğan (yeşil soğan), doğranmış

1 dilim zencefil, ince doğranmış

15 ml / 1 yemek kaşığı tuzlu şarap sirkesi

Balıkları temizleyip pullarını çıkarın ve birkaç saat soğuk suda bekletin. Drenaj yapın ve kurulayın, ardından her iki tarafa da birkaç kez çizik atın. Yağı ısıtın ve balıkları her iki tarafı da sertleşinceye kadar kızartın. Tavadan alıp içine dökün ve yağın 2 yemek kaşığı/30 ml'si hariç hepsini ayırın. Tavaya şekeri ekleyin ve koyulaşana kadar karıştırın. Sarımsak ve bambu filizlerini ekleyip iyice karıştırın. Diğer malzemeleri ekleyin, kaynatın, ardından balığı tekrar tencereye alın, kapağını kapatın ve balıklar pişene kadar yaklaşık 15 dakika pişirin.

Balıkları sıcak bir tabağa koyun ve üzerine sosu dökün.

www.ingramcontent.com/pod-product-compliance
Lightning Source LLC
Chambersburg PA
CBHW051058050726
47592CB00002B/586